生食のはなし

リスクを知って、おいしく食べる

川本伸一
［編集代表］

朝倉　宏
稲津康弘
畑江敬子
山﨑浩司
［編］

朝倉書店

は じ め に

　食中毒は，長年にわたり，数々の予防措置が試みられているにもかかわらず，依然わが国にとって，また，国際的にも重大な公衆衛生上の脅威です．

　食中毒の主な病因物質は病原微生物である食中毒細菌，ウイルスと寄生虫です．これらは，食品衛生上の最も重要な危害要因（健康に悪影響をもたらす原因となる可能性のある食品中の物質または食品の状態）です．

　日本には世界でも珍しい特に生鮮魚介類の生食を好む食文化が昔からあり，ニュースでもたびたび話題になるように生食に起因する食中毒が数多く発生しています．その上，新しい調理法の登場や新しい提供形態の普及，インターネット情報をもとにした不適切な非加熱調理の横行，栄養・健康機能性，新鮮さ，食感等を重視した生に近い非加熱最小加工食品（食肉のパテ，スモークサーモン，ミックスサラダなど）の消費増大により，生食にかかわる食中毒の発生リスクはますます増大しています．また，わが国は世界に先駆けて超高齢社会を迎え，現在では総人口の約1/4が65歳以上の高齢者，すなわち，病原微生物に対する抵抗力が弱く，発症すると重篤化しやすい健康弱者となっています．

　したがって，生食の食中毒を防ぐためには，フードチェーンの生産・加工・流通の各段階でのリスク管理に加え，特に家庭での適切な食品の衛生管理がますます重要となってきています．一方で，一般消費者が生食のリスクや衛生管理について正しい知識を得る機会は乏しいのが現状です．

　本書では，科学的エビデンスに基づいて平易に解説することにより，生食に対する消費者の正しい理解を促し，生食を安全に楽しむための食品衛生に関する知識の啓蒙をめざしました．

　本書は4つの章構成となっています．既存の食中毒関連の本では危害要因別に項目立てされているのに対して，本書は飲食店関係者や一般消費者にとって使いやすいように食品群別に章立てしているのが最大の特徴です．第1章「食文化の中の生食」では，日本における生食の歴史と文化・東アジアの生食・ヨーロッパの生食・最近の生食の動向・食の機能を重視した生鮮食品の5項目について解説

しています．第2章から第4章は，それぞれ肉類，魚介類と野菜・果実の食品群を対象にしています．第2章「食肉・卵・乳製品」では，牛肉・乳および乳製品・豚肉・鶏肉・鶏卵・馬肉・ジビエの7品目，第3章「魚介類」では，鮮魚・貝類・水産発酵食品・非加熱水産加工品の4品目，第4章「野菜・果実」では，生鮮野菜・一次加工品・漬物・野菜調理食品の4品目について解説しています．各品目の解説では，家庭での適切な衛生管理についても記載するようにしました．第2章と第3章には，それぞれの食品群のリスク管理に重要な危害要因である細菌・ウイルス・寄生虫・貝毒について危害要因コラムを別に設けて詳しく説明を加えています．

　本書は，消費者の生食に対する正しい理解と衛生管理に関する知識の啓蒙をめざしていますが，科学的知見に基づく教養書あるいは教科書としても位置付けしています．できる限り平易に解説を試みていますが，専門的な知見も少なからず盛り込んでいます．したがって，読者層は，市民をはじめとして業界，大学・専門学校の学生など幅広く意識しており，執筆者は，それぞれ各分野の第一人者にお願いしています．本書から，科学的知見に基づく生食に関する正確な情報と衛生管理の知識を得て，安全な生食を楽しんでいただければ幸いです．

　最後に，各章の編集責任者の方々，ご執筆いただいた先生方，そして朝倉書店編集部の皆様に深く感謝申し上げます．

2023年3月

川 本 伸 一

編集代表

川 本 伸 一　日本食品科学工学会 前専務理事

編集者（五十音順）

朝 倉　　宏　国立医薬品食品衛生研究所 食品衛生管理部
稲 津 康 弘　農業・食品産業技術総合研究機構 食品研究部門
畑 江 敬 子　お茶の水女子大学名誉教授
山 﨑 浩 司　北海道大学 大学院水産科学研究院

執筆者（五十音順）

朝 倉　　宏　国立医薬品食品衛生研究所 食品衛生管理部
五 十 君 靜 信　東京農業大学 応用生物科学部
泉 谷 秀 昌　国立感染症研究所 細菌第一部
稲 津 康 弘　農業・食品産業技術総合研究機構 食品研究部門
上 間　　匡　国立医薬品食品衛生研究所 食品衛生管理部
大 島 千 尋　水産研究・教育機構 水産技術研究所 環境・応用部門
岡 田 由 美 子　国立医薬品食品衛生研究所 食品衛生管理部
笠 井 久 会　北海道大学 大学院水産科学研究院
壁 谷 英 則　日本大学 生物資源科学部
川 合 祐 史　北海道大学 大学院水産科学研究院
川 本 伸 一　日本食品科学工学会
川 本 恵 子　麻布大学 獣医学部
小 関 成 樹　北海道大学 大学院農学研究院
相 根 義 昌　東京農業大学 生物産業学部
佐 々 木 貴 正　帯広畜産大学 獣医学研究部門
里 見 正 隆　水産研究・教育機構 水産技術研究所 養殖部門
杉 山　　広　国立感染症研究所 寄生動物部
鈴 木　　淳　東京都健康安全研究センター 微生物部

鈴　木　敏　之　水産研究・教育機構 水産技術研究所 環境・応用部門

髙　井　伸　二　北里大学名誉教授

中　馬　猛　久　鹿児島大学 共同獣医学部

中　谷　圭　子　前 アルザス成城学園

畑　江　敬　子　お茶の水女子大学名誉教授

福　永　淑　子　前 文教大学健康栄養学部

細　谷　幸　恵　農業・食品産業技術総合研究機構 食品研究部門

前　田　　　健　国立感染症研究所 獣医科学部

前　田　俊　道　水産研究・教育機構 水産大学校

森　田　幸　雄　麻布大学 獣医学部

八　木　田　健　司　国立感染症研究所 寄生動物部

山　木　将　悟　北海道大学 大学院水産科学研究院

山　﨑　浩　司　北海道大学 大学院水産科学研究院

山　本（前田）万　里　農業・食品産業技術総合研究機構 食品研究部門

渡　辺　　　学　東京海洋大学 学術研究院 食品生産科学部門

目　次

危害要因コラムでは，危害要因がひと目で判別できるよう見出しに以下の
アイコンを表記しています.

細菌

ウイルス

寄生虫

貝毒

食文化の中の生食

1.1　日本における生食の歴史と文化

　周囲を海に囲まれた日本では昔から水産物は重要な食物であり，新鮮な魚介類，海藻類などが入手しやすく，これらを生，加工，あるいは調理して食べてきた．日本の食文化における生食といえば，魚介類の生食を挙げないわけにはいかないだろう．

1.1.1　生食の歴史

　日本での生食の記録は『日本書紀』（720 年）に景行天皇が「白蛤の膾」（海蛤の膾）を献上されたと記されているのにはじまり，奈良時代には生の獣鳥肉や魚介類が膾として食べられていたことがわかっている．膾とは生肉を細くあるいは細かく切り，これを塩，醬，酢，酒，味噌などの調味料であえたものである．

　また，『万葉集』（成立は 759 年以降の編纂）巻 16・3829 には，「醬酢に　蒜搗き合てて鯛願ふ　われにな見えそ水葱の羹」（醬と酢をあわせたものに蒜をまぜて鯛を食べたい，水葱のあつものなどは見せないでくれ）というような歌があるので，タイの膾が食べられていたことがわかる．

　一方，獣肉については天武天皇の詔（675 年）に「牛，馬，犬，猿，鶏は食べてはいけない」とされている．すなわちこれ以外のシカ，イノシシ，タヌキは食べてもよかった [1]．

　鹿についても『万葉集』巻 16・3885 には（鹿のために痛みを述べて作る）「我が宍はみ膾はやし　我が肝もみ膾はやし（はやしは材料の意）」という歌があり，生の鹿が膾として食されていたことがわかる．ただし，現在では鹿の肉を生で食

べることは肝炎の危険があるのであまり奨められない．その後仏教の普及から四つ足動物の殺生を嫌い，獣肉より水産物を食べることが日本人の食生活の特徴となった．

　平安時代から鎌倉時代にかけて，専門の包丁人が誕生し，魚や鳥（キジ）をさばく包丁式が行われた．室町時代には料理の流派が現れ，本膳料理，懐石料理なども発達したが，これらには膾や刺身（後述）がつけられた[1]．

1.1.2　魚介類

a．刺　身

　室町時代に誕生した料理流派は切り方や調理法を秘伝・口伝として伝えるようになると，膾の主流は生魚や生鳥の薄切りを酢をベースに調味した料理を指すようになり，膾，鱠の表記も使われるようになった．一方，同じ頃に魚や鳥の生の薄切りに酢と生姜や蓼などを合わせた調味酢や塩，味噌などをつけながら食べる打ち身，作り身，刺身，差身などと呼ばれる料理が登場し，次第にさしみの呼称が定着する[2]．

　江戸時代の二汁七菜の本膳料理には本膳に膾，二の膳に刺身があり，日本料理に刺身，膾は欠かせない．江戸時代の膾は魚か鳥肉が中心でもはや獣肉は見られ

図1.1　見立源氏はなの宴（部分）
吉原遊郭で酒宴をする，合巻「偐紫田舎源氏」等の主人公である光氏．源氏絵．出されている料理は，寿司，刺身，酒麩（酒で煮た麩）か（作家：豊国三代，味の素食の文化センター所蔵，画像提供：味の素食の文化センター／DNPartcom）．

ない．料理形式は，その後徐々に簡素化され，江戸後期は特に料理屋の会席料理では膾より刺身が主流になった[2]．これは現在にも引き継がれ，会席料理には必ず刺身が供される（図1.1）．

江戸では1700年後期〜1800年初頭にかけて，カツオ特に初鰹が珍重された．上方ではこのようなことはなかった．

日本料理の献立で重要なものは"わんさし"といわれ，吸い物の出汁の味を決めることと，差身を引くこととされている．割主烹従（割は切ること，烹は煮ることで，刺身を切ることが主で，煮ることは従という意味）で，"わんさし"を決める料理長は火から遠いところで仕事をする．火に近いところでは，生魚は扱えないし淡白なおわんに対する味覚も鋭敏でなくなる．これは中国料理の料理長の位置が火に近いところにあることと対照的である[3]．

刺身とは，魚介類をただ切って並べるだけのものではない．刺身のための包丁を用意し，旬の魚を選び，切り方，盛り付け等にも，日本人の美意識が込められたわが国の食文化を代表するものである（図1.2）．さらに，刺身には盛り付けを美しく，口の中をリフレッシュさせるように，"けん"，"つま"，"辛味"が添えられている．

なお，醤油は室町時代から用いられ始めたが一般化したのは江戸時代からである．醤油に梅肉や，柑橘類の搾り汁など酸性の調味料を加え魚のなまぐさいフレーバーを中和した．現在一般的な醤油にわさびが多用されるのは江戸後期からである[2]．

b. 刺身の切り方

刺身に切る時は刃渡りの長い鋭利な刃で一気に引いて切る．こうすると，切り

図1.2 タイの舟盛り

口がなめらかで口に入れた時にうまみが感じられる．刃を上から押したり，往復させたりして切ると切り口の細胞がつぶされてエキス分が押し出され，口当たりも良くない．

　さらに，身の軟らかい魚種は厚めに切り，身の硬い魚種は薄く切る．魚類は水の浮力に頼っているために，陸上動物のような自分の身体を支えたり歩行したりするための強い皮膚や筋肉，腱（筋肉と骨を結びつけるすじ）がいらない．すじや，皮膚，筋肉を包む膜は主としてコラーゲンでできている．したがって魚類はコラーゲンが少なく，そのため軟らかく生でも食べられるのであるが，それでも筋の部分は食べる時に歯に当たる．図1.3に示すようにコラーゲンの多い魚種ほ

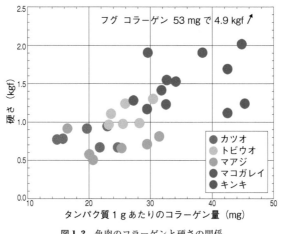

図1.3　魚肉のコラーゲンと硬さの関係

図1.4　フグの刺身
皿の模様が透けて見えるほど薄い．

ど硬く，コラーゲンの少ない魚種ほど軟らかい，そこでコラーゲンの多い魚種（フグやカレイなど）は身を薄く切りコリコリした口ざわりを味わい（図1.4），コラーゲンの少ない魚種（カツオ）は身を厚めに切ってややネットリした口ざわりを味わう[4,5]．

c．あらい

活魚またはごく鮮度の良い魚肉を薄いそぎ作りにして，氷水，井戸水，温水等の中で攪拌する．入手しやすいコイがよく用いられる．江戸時代の書物ではスズキの食べ方はあらいが良いと書いてあるという[6]．

水中で攪拌することにより魚肉中の ATP が流出し急激な死後硬直が起こる．筋肉が収縮するのでコリコリした特有の歯触りをもたらす，夏の涼感あふれる料理である．コイ筋肉を構成する筋原線維の収縮した状態は透過型顕微鏡でも確認されている[7]．また，水中で攪拌することによりなまぐさいフレーバーや，脂質が洗い流され，さっぱりした食味になる．

d．酢じめ魚—しめ鯖，コハダ，アジなど

酢によって魚肉の pH を下げ，なまぐさいにおい成分を中和して消すと同時にタンパク質の変性によって歯切れを良くしている．生肉をそのまま酢に浸けると肉は吸水して膨潤するだけである．予め魚肉に塩をふり，次いで酢に浸けると肉は白く凝固し肉質は硬く歯切れが良くなる．

かつて小浜（福井県）で水揚げされたサバに夕方塩をふり，夜っぴて京の都まで運んだという鯖街道が今も残っているが，京で酢に浸けてしめ鯖とした[8]．

e．す　し

イギリスのサッチャー首相が1989年に来日した際に，握りずしを見て，"お菓子みたい"と言い，口にしなかった．ところが，いまではすしは SUSHI として世界中に広まっている．

元来，すしは魚の保存手段で，飯の発酵による乳酸で魚を保存した馴れずしが原型である．現在では滋賀県のふなずし，東北・北海道のいずしなど一部に残っている．

発酵させることなく飯に酢を混ぜて，すしだねを載せたり，巻き込んだりする早ずしが，江戸時代に考案された[6]．

早ずしには，箱ずし，棒ずし，ちらしずし，包みずし，いなりずし，巻きずしなどがあるが，箱ずしは江戸では廃れ，握りずしが人気となり，屋台で食べるファストフードであった．

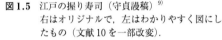

図1.5 江戸の握り寿司（守貞謾稿）[9]
右はオリジナルで，左はわかりやすく図にし
たもの（文献10を一部改変）．

　江戸の前の海すなわち江戸前である東京湾で漁獲されたマグロもすしだねとさ
れた．すしだねは現在のように生のまま酢飯にのせるのではなく，下処理がなさ
れていた．例えば，イカ，イボダイ，カスゴダイ（マダイの幼魚），キス，サヨ
リ，小アジ，ヒラメ，マダイなどは酢に漬ける，ヒラメ，マダイは握る直前に醤
油とみりんを煮立てた中にくぐらせる，アナゴ，アワビ，クルマエビ，玉子は焼
く，茹でるなどの加熱をする，アナゴ，イカ，おぼろ（でんぶ，そぼろ），シラ
ウオ，カンピョウ，シイタケ，キクラゲ等は煮るなどである．他にもアカガイは
握る直前に二杯酢にさっとくぐらせるとある．すしだねも種々あったことがわか
る（図1.5）[10]．

　なお，飯は今よりも塩が利いていて酢も粕酢を使用したので赤みがあり，1個
は現在よりも大きく約2倍の大きさであった．

　一般に，生のすしだねを用いるようになるのは氷冷蔵庫などにより，冷蔵が可
能になる明治時代以降である．現在では，江戸時代のような屋台ではなく，すし
専門店の他に，回転すし，スーパーマーケットの持ち帰りずしなど，すしだねも
豊富で価格も入手しやすいすしが多くなっている．

1.1.3　獣鳥肉

a．鶏わさ，鳥刺し（▶2.4節参照）

　鶏の生食は南九州の食文化であるといわれる．『聞き書 宮崎の食事（日本の食
生活全集 45）』（農山漁村文化協会，1991）[11] を見ると，「どの家でも鶏を20羽ぐ

らい飼っていて，行事がある時につぶして，刺身や煮物，だしなどにする」とある．自分の家で飼っている鶏を注意深く刺身にするのであるから，今のように食鳥処理場で処理しないので，カンピロバクターの交叉汚染などはない．一方で，飲食店での鶏の生食を食文化と言ってよいのか疑問である．加熱用鶏肉が生食に転用・提供される実態もあり，食文化の背景を考えずに形だけ同じにするというのは，平成19（2007）年に海上自衛隊基地で起こった，イカの塩辛を原因とする腸炎ビブリオによる食中毒*同様，危険といわざるをえない．

b. 牛 肉（▶2.1節参照）

動物の体内で細菌に汚染されているとしたら気管と消化管である．筋肉は無菌であるが，解体時に消化管などから，筋肉が汚染される．したがって塊肉の表面は細菌に汚染されている可能性があり，成型肉やひき肉は表面が内部まで入り込んでいるといえるので，十分加熱して食べなければならない．レバーについても，食中毒発生を期に牛レバーの生食用としての販売，提供も禁止となった．

ビーフステーキは塊肉で，内部は汚染されていないので表面を加熱すればレアでも食べられる．

1.1.4 鶏 卵（▶2.5節参照）

鶏卵の生食は日本独特の習慣のようであるが，卵かけご飯や，すき焼きを生卵とともに食べるのは明治以降のことである．

1.1.5 野 菜（▶4.1節参照）

日本で野菜がサラダとして生で食べられるようになったのは，それほど古いことではない．アクを持つものが多かったことや，人のし尿を肥料として用いられていたことから寄生虫汚染のおそれもあり，多くは塩漬けやぬか漬け，味噌漬けなどとして食べられていた．なお，し尿は大根などと交換された．　〔畑江敬子〕

---

* : 塩辛による食中毒─海上自衛隊横須賀基地所属の護衛艦3艘の乗組員と海自第2術科学校の隊員ら計87名が2007年9月8〜14日に下痢や腹痛等を訴え，うち26名が入院，イカの塩辛からは腸炎ビブリオ菌が検出された．食中毒を起こしたのは塩辛とはいうものの，伝統的な塩辛（塩分10〜20%）とは別の，低塩分（4%）のイカの和え物で，腸炎ビブリオ等の食中毒菌の増殖抑制効果が期待できない．製造から消費までの一貫した低温管理（10℃以下）が必要な製品にもかかわらず，原材料，製造施設の低温管理が不適切であった．形だけ伝統的な塩辛をまねたもの．

1.2 東アジアの生食

1.2.1 中 国

中国の国土は広大で，その気候風土は地方によって多様である．西北の降雨量の少ない山岳地帯から，肥沃な田園地帯の開けた東南地域，また，国土の中央を流れる2本の大河を始めすべての川は東南に流れ，国土を分けている．したがって，地域によって料理にはそれぞれ特徴がある．

中国においては飲食を安定させる道は国の政治を安定させる道と考えられ，中国人にとって食べることは社会的にも非常に重要なことであった．

中国料理の特徴は生鮮素材よりも乾物素材を用いることと，種々のすぐれた調理技法があることである[1]．中国大陸全土に山海の素材を流通させるには素材を乾物に一次加工することが有用であった．また，食材は必ず加熱し，温かい料理を食べ，冷めた料理を好まない．同時に"医食同源"の考えに基づいた健康的で長寿を目指す料理である．

生食については，最近ではともかく長い歴史の中では限られてくる．とかく中国料理には生の料理はないと思いがちであるが，1935年頃に広東地方に滞在した日本人が，草魚と青魚（ともにコイ科の淡水魚）を薄く刺身のようにおろして，大根おろし，きざんだトウガラシ，ショウガ，ネギ，ニンニクとともに，醤油や油に浸して食べる，と記述しているという[2]．

このような習慣は一部地域に限定されていた．しかし，歴史を遡ると，三国志の時代，2世紀の末に曹操が宴会でスズキの刺身をふるまったことが『後漢書』に記され，さらに，それより700年前に越王勾践が刺身を食べたという[3]．この時代には刺身が食べられていたようである．

ところが，現在の形の中国料理が出来上がったのと，刺身が消えたのとは時期を同じくし，中国料理はすべて火を通すことが原則となった．もっとも，生魚を食べないのは，魚は人の排泄物で汚染された池や湖で飼育されているので，寄生虫などの危険があるからである．同様に，生野菜も食べない．

しかし，時代が変わり衛生観念に対する意識の高まりと調理加工技術の進歩で，現在の食生活は随分変わってきた．特に富裕層が増え，「民以食為天」（食べることが生きる上で最も重要なこと）の考えから昔も現在も食べることはなによりも優先されるため，都市部では世界の美味しい料理の店が並んでいる．数年前

に筆者が杭州を訪れたときは，レストランの対応も良くトイレも清潔であった．もちろん日本料理店もたくさんあり，若者には人気がある．ひとりっ子政策で親から援助をもらっている裕福な若年層も多く，流行の回転すしに通うこともできるようである．すしの中でも特にサケの握りずしは大好物である．サケは北欧からの輸入で脂がのっているので好まれている．

1.2.2　台　湾

3 世紀半ばに『臨海水土志』に「夷州」とあるのが台湾最古の記録である[4]．台湾の住民は原住民以外は中国大陸からの移民であるため，漢民族の「医食同源」を受け継いでいる．そのため「生食亡国論」が根付いていた．ほとんどの食べ物は加熱するのが基本である．しかし，島国であるため，海に近い地域では生魚も食べていた．1895 年に台湾は日本の植民地となり，台湾でも日本の影響で，生の魚介類を食べるようになった．海辺ではウニ，イセエビ，カキが食べられていた．また，繁華街には握りずし屋があった．塩漬けしたウニの瓶詰めも売られていた．

かつて，植民地時代に老舗の「嘉賓閣」があり，生のアカガイの貝殻を半分に開けて，五味ソースをかけた定番料理が有名であったが，それがいまも南部の名物料理「五味血蛤」として食されている．ところで最近タイの市場の庶民料理に「五味血蛤」を見かけたが調味料は少し違うようである．

2000 年に入り，台湾も食品衛生法により食品の管理や衛生状態を厳しく監視されるようになった．植民地時代に導入された生食に適した魚は値段の高い食べ物であって，一般の庶民は食べられなかったが，近年輸入が増えて値段が安くなり，また種類も多く，現在ではよく食べられている．すし専門店も多い（図1.6）．すしだねはマグロ，カジキ，サケ，ウニ，イクラ，ホタテ，貝柱，アカガイ，だし巻き玉子等である（図1.7）．またテイクアウトできる店も多く電話で注文することができる．

島国の台湾はカキの養殖も盛んで，醤油，酢，ショウガ，ネギをあわせた中にカキを漬けて食べることも伝統的に行われている．ただ台湾のカキは日本のカキに比べ小ぶりのものが多い（図1.8）．

シジミの醤油漬け（図1.9）も酒のおつまみや料理として市場でよく見かける．宴会料理としてもよく出される[5]．

台湾では昔から「焼酒螺」（焼酒とは酒のこと）が屋台でよく売られていた．生

図1.6　すし専門店（陳美慧撮影）

図1.7　握りずし（サケとカジキマグロ，巻きずしには鉄
火巻，ネギトロ巻）（張甄珍撮影）

や半生のタニシを醤油，トウガラシ，ニンニクとショウガに漬けた，庶民的な酒のおつまみだったが，衛生上現在はほとんど見かけなくなった．

　近年，台南では六千牛肉湯といい，生の牛肉を薄切りにして熱いスープに入れて食べる．これは台南の郷土料理であって，しかも朝食に食べることが多い．「牛肉麺・牛肉湯」は台湾の名物であり，多くの店で食べられる．

　夜中に屠畜した牛肉を明け方に店で薄切りにして（図1.10左），清湯牛肉湯（調味料が入っていない牛肉の煮込みスープ）・紅焼牛肉湯（八角・花椒・トウガラシ，ニンニク，ショウガ，醤油，砂糖などを加えて煮込んだスープ）に浸して食べる（図1.10右）．最後にそのスープを白飯にかけて食べる[6]．日本のしゃぶしゃぶに似ている．短時間加熱しているので，生肉とは言えない．

図 1.8 調味料に漬けたカキ（陳美蕙撮影） **図 1.9** シジミの醤油漬け（胡世明撮影）

図 1.10 六千牛肉湯（胡世明撮影）

　また生野菜はサラダのようにして食べることも一般的になった．特に若い世代には生野菜の食感が好まれ，それに好みのドレッシングをかけてよく食べられている．

1.2.3 朝鮮半島

　朝鮮では動物の生もの料理を「膾」とよび，多く利用されている．新鮮な魚（コイ，ニベ，サケ，ブリ，ヒラメなど）を薄く切り，酢醤油や，唐辛子味噌にニンニク，セリをあわせたたれにつける．獣肉については，仏教の定着によって一時は食べられなくなったが，15世紀には獣肉の料理は生活に欠かせないものとなった．生ものの膾料理は重要な存在である．モンゴルの影響が大きく，タルタルステーキが食べられた．また，ユッケも料理書に，「脂のない軟らかい牛肉を薄切りにし，水に浸けて血抜きしてから細く切る．ネギとニンニクをみじん切りにしてコショウ，すりゴマ，ゴマ油，ハチミツをまぜあわせよく揉み込んでか

らマツの実のみじん切りを多く加える．たれはコショウやハチミツをまぜ合わせて作る」と記されている[7]．

　生野菜もよく食べられ，そのまま，あるいはご飯や肉類を包んで食べる．最もポピュラーなものはサンチュである．これは虫がつかないそうである．

　すしは世界中で食べられているが韓国も例外ではなく，スーパーマーケットで売られている．

1.2.4　その他

　ラオスではつけあわせに皿いっぱいの生野菜がそのまま出てくる（図1.11）．調味料をつけて食べる．日本人にはなかなか食べられない．　　　　　〔福永淑子〕

図 1.11　生野菜の一例

1.3　ヨーロッパの生食—フランスを中心に

1.3.1　フランスの食生活の変化

　ここ数年来フランスでは，いわゆるヌーベルキュイジーヌに続いて新しい食の傾向が始まり，特に生の魚介類を食べることが好まれるようになってきている．従来，週の金曜日に魚を食べるのが伝統であったが，最近の栄養学の立場から，魚をもっと食べること（週に2回）で，肉食の弊害を減らすことが提唱されてきた．

　以前は新鮮な魚介類は海辺の人々だけに供されるものであった．しかし，最近では，筆者の住むフランス東北部の内陸地域でもかなり新鮮な海産魚介類を入手

できるようになった.

1.3.2 魚介類

生食に供される魚にはマグロ, サケ, タイ, スズキ, タラの類, などがある. また, 甲殻類, 頭足類も食べられる. 生の魚を食べる人の増加は, 表 1.1 からもわかるように 2006〜2007 年の 14.8 % から, 2014〜2015 年の 31.4 % に有意 ($p <$ 0.001) に増加しており, フランスの生魚の消費量の増加は明らかである.

生魚の消費量の増加は, SUSHI のような形で食べる機会が 10 数年来増加したことによる. スーパーマーケットでもスタンドで調製したパック詰めの SUSHI がいくつも売られている. ただ, 日本のスーパーマーケットで売られているパック詰めのすしと比べ, すしだねの種類は少なく日本とは異なっている（図 1.12）. フランスではサケが多くを占め, マグロも見られるが, そのほかにタイ, エビ, カニカマ, ツナマヨ, アボカド, キュウリ, クリームチーズ, タマネギのフライなどがある. 一般の人に馴染みのある値のはらないすしだねとなっている. したがって, タコ, イカなどはあまり見かけない.

なお, すし屋はあるが, 一時, パリなどの大都市で流行した回転ずしは現在では下火になっているようである.

オランダでは春になると, とれたてのニシンをさばいてハリング（haring）と呼ばれる塩漬けにし, 尾を持って食べるという海辺の地域での生魚を楽しむ風習

表 1.1 INCA（国民食生活実態調査）の調査結果
動物食品を生で食べる人の割合（%）および [95 % 信頼区間] の 2006〜2007 年と 2014〜2015 年の比較.

	INCA 2 ($n=593$) 2006〜2007 年	INCA 3 ($n=275$) 2014〜2015 年	有意差
卵または調製品 [1]	65.0 [62.7-67.2]	64.8 [61.8-67.7]	n.s.
魚	14.8 [13.1-16.5]	31.4 [28.3-34.8]	***
牛肉	23.9 [21.9-26.0]	29.9 [26.7-33.3]	**
生ベーコン	14.4 [12.8-16.1]	15.3 [13.3-17.6]	n.s.
豚肉	3.4 [2.6-4.4]	6.0 [4.5-7.9]	**
馬肉	9.2 [7.8-10.7]	5.6 [4.4-7.2]	***
家禽肉	2.1 [1.6-2.9]	3.1 [2.1-4.5]	n.s.

n.s.：有意差なし, ＊＊＊：$p < 0.001$, ＊＊：$p < 0.01$（正規母集団の平均の差に関する検定）
ANSES（フランス食品環境労働衛生安全庁）の調査報告書による.
1) タルタルの卵黄や泡立て卵白など.

図 1.12　スーパーマーケットの SUSHI
　　　　　　売り場とすし
白いのはオヒョウ．左上のすしの右端，
右上のすしの左端に茶色く見えるのがタ
マネギのフライ．

がある（図 1.13）．

　さらに，前述したハリングのほかにニシンに関して
は三枚おろししたものを塩漬けにしたもの，燻製にし
たものやクリームソースに漬け込んだものがある．ま
た，塩漬けした後キュウリやタマネギのピクルスを芯
に巻いて，香辛料・砂糖とともに酢漬けにしたロール
モプが市販されている．フランスではアルザス，モー
ゼル，フランスのフランドル地方や北部ドイツ，ベル
ギー，オランダ，スカンジナビアなどでよく食べられ
ている．

図 1.13　オランダでのハリング
　　　　　　（haring）の食べ方（イ
　　　　　　ラスト：中島怜子）

　カキはローマ時代にすでに生で食べたと言われてい
る．18 世紀にはカキの加熱料理がメニューにのって
いる．アレキサンドル・デュマやアントナン・カレームの本によると生で食べる
ほかに色々に調理されている．19 世紀になってナポレオン時代にフランスでも
カキを生で食べるようになった．

　フランスの在来種は平たいカキであったが，19世紀にアルカッシオン地域で生産を増やすため，ポルトガル種を取り入れた．しかし，その後うまくいかなくなり，1970年代にカナダから，さらに日本からはウイルスに強い種ガキを導入した．日本種は身の厚いものでフランスの風土に合い，現在フランスで流通するカキの大部分となり，世界でも養殖されているとのことである．2011年東日本大震災後には逆にフランスから三陸に生ガキに適する養殖技術が導入された．

　現在フランスでは，ほぼ1年中生ガキが食べられるようになり，クリスマスのメニューには欠かせないものの1つになっている．

　面白いことに，日本ではカキをフライなど加熱して食べることが多いのに，フランスでは加熱せず専ら生で食べる．モーパッサンの小説『ジュール叔父』には生ガキの殻をむく水夫が登場するが，水揚げしたカキをその場でむいてくれる．このような職業が今もあるほどである．

　北欧のグラブラックス，スモークサーモンはサケなどを塩漬け，燻製などにして生に近い状態でより長い間食べることができる．

　また，魚卵では，チョウザメの卵を塩漬けにしたキャビアその他サケ，ニシン，マス，ランプ，トビウオなどの卵を塩漬けにして生で食べる．ボラの卵はいわゆるからすみで，フランスだけでなく，イタリアでも多く作られる．キャビアはフランスでも好まれ，西南部アキテーヌ地方で生産され，その90％は養殖によるものである．

1.3.3　野菜・果物

　果物は生で食べるほか，乾燥させて季節外に食べるし，ジャムやシロップ漬け，菓子などに加工される．最近は生で冷凍されるものもある．

　フランスでは肥満を防ぐために栄養摂取量が過多にならないよう，軽いサラダやクリュディテ（crudité，生野菜をヴィネグレットなどのソースであえたもの）を主菜の前に食べる傾向となっている．また，野菜や穀類のスプラウトや海藻なども生で食べられている．

　生野菜を塩漬けにして発酵させたキャベツのシュークルート，カブのナヴェ・サレ（navet salé）などは日本の漬物に当たると考えられる．ただ，生で食べることもあるが，多くの場合，肉などと加熱料理にする．

1.3.4　畜肉加工品

畜肉加工品の多くは歴史的に保存食品であり，昔ながらの保存法が行われている．まず，生ハムは塩漬けした後，風乾または燻製にする．牛肉，豚肉，羊肉などがあるが，それぞれの地域の名をつけているものが多い．

豚バラ肉のベーコンも非加熱で加工され生食可能なもの（例：シュヴァルツヴェルダー・シュペック，Schwarzwälder speck）がある．同様にソーセージも，塩蔵，燻製の後，加熱処理なしに生で食べるもの（例：ジョンダルム，gendarme）がある．サラミタイプの乾いたソーセージをフランスではソーシソン（saucisson）といっている．生肉（主として豚肉）を塩漬，風乾または燻製にしたものでヨーロッパの国々，地域の伝統的な乾燥ソーセージが多数ある（例：フランスではリヨンのソーシソン，イタリアのサラミ）．

1.3.5　生の牛肉を食べる料理

日本ではほとんど見られないが，生の牛肉を食べる2つの方法がある．

1950年代に医者から生牛肉を食べるようにとすすめられた客のためにベニスのシェフ・ジュゼッペ・カプリアーニ（Giuseppe Capriani）が牛肉を薄くスライスしてオリーブ油や芳香野菜やスパイス，パルメザンチーズをあしらった一品を創り出した．牛肉の色がベニスの画家ヴィットーレ・カルパッチョ（Vittore Carpaccio）の赤色に似ていることで，この種の料理をカルパッチョというようになったといわれる（図1.14）．

また，タルタルステーキ，牛肉のタルタルは生牛肉を大きめに挽いて，卵黄，スパイス，芳香野菜などを混ぜて，調味料で味をつけて供される（図1.15）．あわせてフライドポテトと生野菜のサラダを一緒に食べる．中世にモンゴルからやってきた食べ方で，ヨーロッパではポーランド，ウクライナなどで広く好まれ，

図1.14　スーパーマーケットで売られているカルパッチョのパッケージ（左）と皿に盛り付けた例（右）

図 1.15　スーパーマーケットで売られているタルタルステーキ
　　　　のパッケージ（左）と皿に盛り付けた例（右）

図 1.16　スーパーマーケットで売られている牛ひき肉

その後ハンブルグでも広まり，ニューヨークに渡ったといわれる．

　フランスでは 19 世紀に食べるようになり，オーギュスト・エスコフィエのガイドブックにも steak tartare として記されている（Larousse gastronomique, édit. 1938）という．先に示した INCA の結果からもわかるように，牛肉のタルタルステーキやカルパッチョなど生牛肉の消費量が 2006〜2007 年に 24% であったものが，2020 年には 30% に増加している（表 1.1）．

　以前は，調理用のひき肉は店で挽いてもらい，すぐに加熱調理することになっていて店の棚には見受けられなかったが，最近はスーパーマーケットの冷蔵庫・冷凍庫で売られるようになった（図 1.16）．牛肉のタルタルやカルパッチョも購入でき，指示された扱い方に従って家庭でも楽しめるようになっている．

　安全な食料提供のため新鮮であることおよび中毒などを起こさないことが重要で，生産流通販売を経て消費者の手に渡るまで，フランスはヨーロッパの中でも生食に対してきわめて厳しい食品衛生上の規則を課している．

1.3.6　多様化するヨーロッパの生食文化

現在ヨーロッパのフランスを中心にした地域では牛肉だけでなく，魚介類，果物や野菜をタルタル風にまたはカルパッチョ風に調理して供することが多く見られる．また，ハワイ由来のポキ（poke）も食べられるようになっている．角切りし軽く味付けした生のマグロやサケを白飯の上に載せ，他の魚介類や野菜・果物をあしらい，ポン酢やソースを添えた poke bowl も出回っている．南米ペルー由来のセヴィチェ（cebiche, seviche）も生の魚介類の薄切りにタマネギのみじん切り，トマト，レモン，香草，唐辛子，塩，オリーブ油をあしらった一皿を街のレストランや家庭でも味わうようになった．食材を極力生で摂取しようとするローフード，生食主義の食生活を営む人々もあり，大都市にはローフード専門レストランも開店されている．こうした新しい流れの中でSUSHIショップがいたるところに見られるし，SUSHI CORNER が大きなスーパーマーケットに設置され，柚子，わさびなどの日本の食材が売られるようになってきた．

日本食の影響をうけて，SUSHI, MAKI（巻きずし由来），CHIRASHI, TATAKI, SASHIMI など，これらの言葉がフランスの料理店のメニューにも見受けられる昨今である．　　　　　　　　　　　　　　　　　　　　　　　　〔中谷圭子〕

1.4　最近の生食の動向

人類学者のリチャード・ランガムによれば，人類が火を使って調理を行うようになったのはおよそ180万年前であり，それによってエネルギーの吸収効率が飛躍的に向上し，脳が大きい等の現代人の特徴が発現したという[1]．すなわち，生食から脱却することで人類は目覚ましい進化を遂げたということができる．その後長らく，生食は産地近傍に住む者の特権であったが，1940年代から世界中で発達してきたコールドチェーンのおかげで，我々は再び様々な食物を生で食べることができるようになっている．本節では，コールドチェーン技術の進展と，それによって生食が広く可能になった事例を紹介する．

1.4.1　コールドチェーン

コールドチェーンとは，冷蔵によって低温を保ちながら保存・輸送を行うことで，生鮮食料品や冷凍食品などの品質を劣化させないように，産地から消費地ま

での流通を実現させるシステムのことである．わが国においては，1965 年に当時の科学技術庁から出された「食生活の体系的改善に資する食料流通体系の近代化に関する勧告」いわゆる「コールドチェーン勧告」を契機として，全国的な低温流通ネットワークの整備が進められた．そもそも食品の品質は，基本的には時間とともに低下していくものであるから，高品質で流通させるためには，まずは短時間で運ぶことが重要である．そしてもう 1 つの因子は温度である．食品を劣化させる生化学反応は，温度が低いほど進行速度が遅くなる．つまり，食品の可食性（tolerance）は時間と温度によって決定される．このような考え方を TTT（Time-Temperature-Tolerance）コンセプトという．生食のためには，品質劣化は非常に小さいことが求められるが，そのためには，時間を短くする（すなわち高速で輸送する）か，低温を保って輸送することが必要となる．

1.4.2　低温輸送

日本では昔から魚を重要なタンパク源として食してきた．水産物は一般的に劣化が速いが，漁場と消費地が近ければ特別な鮮度保持技術は必要なかった．しかし漁場を拡大するためには冷蔵で持ち帰ることが必須となる．氷蔵による鮮魚の海上輸送が初めて行われたのは案外新しく 1885 年頃であった[2]．1905 年にはエンジンを積んだ動力船と氷蔵を組み合わせることで，朝鮮半島沿海まで漁場が拡大された[3]．1930 年にはトロール漁船に急速冷凍装置が設置され[4]，漁獲後の保存期間が大幅に延長された結果，世界のいたるところへ出漁が可能となり，計画的な出荷や海外への輸出もできるようになった．その後，戦争のために日本の水産業はしばらく停滞するが，戦後まもなくマグロの輸出は解禁され，1955 年の冷凍マグロおよびメカジキの輸出量は 64,400 t で，日本の総輸出金額の 14％を占める主要輸出品となった[5]．このため冷凍マグロの品質向上に関する研究が活発に行われ，1954 年にはマグロの冷凍保存における最大の問題であった肉色の褐変の原因が，色素タンパク質ミオグロビンの酸化（メト化）であることが確認された[6]．メト化を抑制するためには保存温度の低温化が有効であるため，冷凍機の技術開発が進められ，図 1.17 に示すように，マグロ冷凍漁船の魚艙温度が年を追って低下していった[7]．

陸上の冷蔵倉庫でも，肉色の褐変が起こりやすいマグロ，カツオ，クジラのために −60℃ 級の極低温冷蔵倉庫が実用された．現在でも豊洲市場の 2 棟の水産用冷蔵倉庫に極低温室が備えられているが，この温度域の冷蔵倉庫は日本以外では

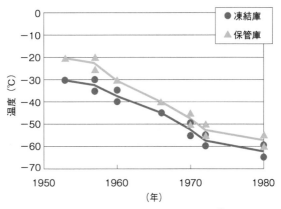

図 1.17　マグロ漁船の魚艙温度の変遷 [7]

　まず見られない。このような，船上での急速冷凍から極低温での輸送，保存を行う特殊なコールドチェーンが発達した結果，日本では世界中の海でとれたマグロを生食できるのである。

　元来水産物のために開発された低温輸送技術であるが，原理的には船舶に冷凍機を積載して船倉内を低温に保つという技術であるから，温度レベルを0℃以上に設定すれば，青果物等の大量長距離輸送にも利用できる。バナナはその好例である。かつては冷却設備を持たない船舶で輸送していたため，生産地は台湾に限られ，それでも日本に到着する頃には熟しすぎて納品できない個体が少なからずあり，これを港で安く売り払ったのが有名なバナナのたたき売りで，昭和初期に門司港（福岡県）で始まったといわれている [8]。リーファー船（冷蔵輸送船）が一般的になってからは追熟を適切にコントロールできるようになって，港でのたたき売りは見られなくなった。また輸送距離が延長されたため，南米エクアドルやフィリピンなどからもバナナが輸入されるようになった。最近のリーファー船では，温度制御だけでなく湿度やエチレン濃度などの空気質までコントロールしており，世界中から多種多様な青果物を輸入して生食できるようになっている。

1.4.3　高速輸送

a.　国際航空輸送

　前項で述べたマグロは遠洋漁業による天然魚であるが，最近はオーストラリア

図1.18　霧鮮サンマの荷姿

や地中海で養殖が盛んに行われている．養殖の場合，陸地に近い海域に設置され
た巨大な生簀から採り上げるため，水揚げ後，直ちにえらと内臓を除去して，急
いで空港に運び，航空機で日本に輸送する，という方法をとることができる．こ
の方法ならば，氷蔵で遠距離を輸送することができて，冷凍していないから美味
しいとされ，冷凍-解凍品よりも高い値段で売られている．

　航空機による輸送は，ノルウェーで養殖されるサーモンにも実用されている．
現在，日本で生食されているサーモンはほぼノルウェー産である．元々日本人に
とって，サケは寄生虫がいるので生食するものではなかった．しかしノルウェー
サーモンは日本のサケと違って養殖であり，海洋環境，餌の違いから，アニサキ
スが寄生することはない．そこでノルウェーは30年ほど前に官民を上げて，養
殖サーモンを生食用として日本に売り込むために活動を行ったという．この結
果，今やサーモンは寿司ネタとして世界中で食べられるようになった．食品自体
の品質向上，輸送技術，マーケティングがうまくかみ合って，生食が普及したと
いう好事例である．

b．国内のトラック輸送

　昭和30〜40年代にかけて貨物輸送の主役は鉄道からトラックに移り，それに
伴って高速道路整備も進んだため，各地の農水産物を短時間で大消費地に輸送す
ることが可能となった[9]．高速トラック輸送によって生食が可能になった例とし
てサンマについて述べる．サンマの高鮮度流通は，トラック輸送だけではなく，

保冷性能の高いアルミ蒸着袋と，特別な漁獲後処理を組み合わせて実現した．アルミ蒸着袋は1990年頃に実用化され，製造メーカーと公立研究機関の共同試験によって高い保冷性能が確認されており，今ではサンマの輸送にはほぼ100%，北海道ではイワシにも用いられている．また漁獲後処理については，釧路の浜中漁協のブランドサンマ「霧鮮」の場合，1回の出漁の最後の網でとれたサンマを，水揚げ後直ちにサイズ分けし，船上で氷水と一緒にアルミ蒸着袋を敷いた発泡断熱容器に詰めて（図1.18参照），帰港したらすぐにトラックで輸送する，という方法で高鮮度の流通を実現している．これにより関東圏でもサンマの生食が可能となった．

1.4.4　冷凍処理による寄生虫の無害化

前項で紹介したサンマの生食は，2014年，寄生虫アニサキス（*Anisakis simplex*）に関する注意喚起が厚生労働省から発出され[10]，実質上不可となった．しかし，−20℃で24時間以上保持すればアニサキスは死滅するため，生食が可能となる．冷凍保存によるアニサキスの失活はEUやアメリカでも認められている[10]．アニサキス以外にも，ヒラメの食中毒事例に多く関与が認められたナナホシクドア（*Kudoa septempunctata*），馬刺しに多く見られたフェイヤー肉胞子虫（*Sarcocystis fayeri*）は，やはり冷凍保存により失活する[11]．馬刺しは冷凍による筋肉組織の損傷が起こりにくいため，冷凍処理は安全性と品質を両立させる最善の方法といえる．

しかし魚類の場合，冷凍すると筋肉組織が損傷を受けやすく，安全ではあっても品質面で非冷凍品に劣ると多くの消費者は考えており，マグロ以外の水産物では冷凍品は生食用にはほぼ使われない．しかし最近，適正な条件で処理すれば，冷凍サンマから調理した刺身の官能評価は非冷凍品に劣らないという報告も出ている[12]．今後，より研究が進んで，多くの冷凍水産物が生食用途にも利用されるようになれば，サステナビリティが向上して，魚の生食文化を将来に継承するための有効な手段になると期待される．

〔渡辺　学〕

Column 1　コールドチェーンの環境負荷

　現代の我々は，コールドチェーンの恩恵によって世界中の美味しさを享受できるようになった．その反面コールドチェーンは，食品が喫食されるまで常に低温を保つために冷凍機を運転し続けなくてはならず，相応のエネルギー消費とそれに伴う地球環境への負荷が避けられない．これは乾燥や殺菌などの常温保存に比べて冷蔵保存の大きな欠点である．しかし生食を目的とした場合，冷蔵（冷凍を含む）以外の保存法は適用できないので，生食のためにはある程度の環境負荷が避けられないといえる．とはいえ，今や人類のあらゆる活動において地球環境への配慮は不可欠であり，コールドチェーンに関しても食品の生食可能な品質と低環境負荷の両立が求められている．そのための一手段として筆者が注目しているのは，非冷凍状態での冷蔵（チルド）流通を冷凍流通に切り替えることで，環境負荷を低減させるという方法である．

　コールドチェーン全体の環境負荷の定量化にはLCA（ライフサイクルアセスメント）の手法を用いて，LC-CO_2（ライフサイクルCO_2排出量）を計算した．オーストラリアの蓄養マグロを対象とした研究では，チルドの場合は発泡断熱容器に氷とマグロを同梱して航空機で輸送し，日本に到着したらすぐに築地市場に輸送すると仮定した．冷凍の場合は−60℃級の冷凍設備を備えたリーファー船で輸送し，日本に到着した後2か月程度−60℃級の冷凍倉庫で保存した後，築地市場に出荷されるものとした．冷凍流通は−60℃級の冷凍庫を運転するのに大きなエネルギーを要すると思われがちだが，航空機の方が船舶よりも単位積載質量当たりのCO_2排出量が格段に大きいこと，チルドでは氷と一緒に輸送するため製品質量当たりで計算されるLC-CO_2を押し上げること，さらに発泡断熱容器の製造にかかるCO_2排出量が大きいことから，チルド流通の方が4倍も環境負荷が大きいという結果が得られた．国内流通の場合でも，宮城県女川漁港で水揚げされたサンマを東京に出荷する場合，チルドはトラック，冷凍は船舶で輸送されると想定した計算の結果，チルド流通の方が約2倍LC-CO_2が大きかった．なお活魚流通は，チルドと比べても環境負荷が莫大であることが示唆されている．

　しかし現状では，たとえ環境負荷が小さくても，冷凍水産物は品質が劣るとされており，生食用として利用されることはまれである．冷凍水産物のさらなる品質向上が，生食を持続可能とするために有効であると考えられる．　　　　〔渡辺　学〕

1.5　食の機能性を重視した生鮮食品

　日本では，毎日摂取している食が体調を整えるとともに，食品の付加価値を向上させるため，食の機能性表示の制度が発達してきた．機能性表示に関しては，日本は先進国であり，世界に先駆けて特定保健用食品の制度を1991年に施行した時には，Nature誌にも「日本は食と医薬の境界を探り始めた」と掲載された．機能性という言葉も日本から発信された．その後，食の機能という考え方は栄養と組み合わせた形で世界中に定着した．ここでは機能性に注目した生鮮食品について紹介する．

　日本ではヒトの口の中に入るものは食品と医薬品の2つに分類される．食品の分類の中でも，健康や栄養の表示が可能な食品は，2015年4月以前は，特定保健用食品（トクホ），栄養機能食品，特別用途食品であった．トクホは，1991年に世界に先駆けて表示が認められた機能性食品の表示制度であり，個別の商品ごとに食品の有効性や安全性について審査を受け，表示について国の許可を受ける必要がある制度で，現在では1,061品目が許可されている．トクホの疾病リスクの低減表示（規格が決められている）では，カルシウム（骨粗鬆症予防），葉酸（障害を持つ子どもが生まれるリスクの低減）が認められている．

　栄養機能食品[1]は，栄養成分（ビタミン13種（ナイアシン，パントテン酸，ビオチン，ビタミンA, B_1, B_2, B_6, B_{12}, C, D, E, K，葉酸），ミネラル6種（亜鉛，カルシウム，鉄，銅，マグネシウム，カリウム），n-3系脂肪酸）の補給のために利用される食品で，1日当たりの摂取目安量に含まれる当該栄養成分量を，定められた上・下限値の範囲内におさめて，「本品は多量摂取により疾病が治癒したり，より健康が増進するものではありません」などという注意喚起を行った上で，健康機能を自主的に表示できる規格基準型の制度である．現在，生鮮食品で表示されている野菜は，ピーマン（ビタミンC），イチゴ（ビタミンC），豆苗（葉酸），かいわれ大根（ビタミンB_{12}），プチベール（ビタミンC，葉酸），キウイ（ビタミンC, E），ミニトマト・ニンジン（ビタミンA）などである．消費者にとって，このような表示があれば，自分の目的に合わせて生鮮食品を選ぶことも可能になるので，今後，さらに増えていくと予想される．海外では，規格基準型や個別認可型の栄養機能食品，構造・機能食品，疾病リスク低減食品が制度化されており，届出型の機能性表示食品（サプリメントのみ）はアメリカで

唯一認められた制度だった．

　2015 年 4 月に届出制の機能性表示食品制度[2]が施行（▶*Column* 2 参照）されて，機能性食品の商品群も様変わりした．生鮮食品に表示が認められるとともに，個人の主観的指標の変化が科学的根拠になるからである．以下に挙げるようにパッケージに機能性が表示され，様々な生鮮食品が販売されている．

(1) 機能性関与成分が β-クリプトキサンチンである生鮮食品
　機能：骨代謝の働きを助けることにより，骨の健康に役立つ
　● みかん（1 日摂取目安量当たりの機能性関与成分含有量：3 mg）（図 1.19）
(2) 機能性関与成分が γ-アミノ酪酸（GABA）である生鮮食品
　機能：血圧が高めの方の血圧を下げる
　　● トマト（12.3〜20 mg），ケール（12.3 mg），ブドウ（12.3 mg），エノキダケ（12.3 mg），パプリカ（12.3 mg），大豆もやし（12.3 mg）（図 1.19），バナナ（12.4 mg），みかん（12.3 mg），へちま（20 mg）
　機能：仕事や勉強による一時的な精神的ストレスを緩和する
　　● メロン（28 mg）
(3) 機能性関与成分がルテインである生鮮食品
　機能：光による刺激から目を保護するとされる網膜（黄斑部）色素を増加させる
　　● ホウレンソウ（10 mg）（図 1.19），かぼちゃ（10 mg）
(4) 機能性関与成分がリコピンである生鮮食品
　機能：血中 LDL コレステロールを低下させる
　　● トマト（22.8 mg）
(5) 機能性関与成分がイソフラボン（アグリコン）である生鮮食品
　機能：骨の成分を維持する働きによって，骨の健康に役立つ
　　● 大豆もやし（23〜35 mg）（図 1.19）
　機能：中高年女性の肌の潤いを保つ
　　● 大豆もやし（26 mg）（図 1.19）
(6) 機能性関与成分がコリンエステル（アセチルコリン）である生鮮食品
　機能：血圧が高めの方の血圧（拡張期血圧）を改善する
　　● ナス（2.3 mg）
(7) 機能性関与成分がスルフォラファングルコシノレートである生鮮食品
　機能：やや高めの血中肝機能酵素（ALT）値を低下させる

　　• ブロッコリースプラウト（24 mg）

　機能：肌の乾燥が気になる方の肌の水分量を高める

　　• ブロッコリースプラウト（20 mg）

(8) 機能性関与成分がロスマリン酸である生鮮食品

　機能：花粉やハウスダスト，ホコリなどによる目の不快感を軽減する

　　• エゴマの葉（50 mg）

(9) 機能性関与成分がルテオリンである生鮮食品

　機能：食後の血糖値の上昇を抑える

　　• 唐辛子（5 mg）

(10) 機能性関与成分がプロシアニジンである生鮮食品

　機能：内臓脂肪を減らす

　　• リンゴ（110 mg）

(11) 機能性関与成分がアントシアニンである生鮮食品

　機能：スマートフォンやパソコンなどを使用する際に，一時的に低下しがちな目のうるおい感の維持や目の焦点を合わせやすくすることによって，目の疲労感の緩和に役立つ

　　• ビルベリー（43.2〜57.6 mg）

(12) 機能性関与成分がエイコサペンタエン酸（EPA）／ドコサヘキサエン酸（DHA）である生鮮食品

　機能：血中中性脂肪値が高めの方の血中中性脂肪値を下げる

　　• カンパチ（EPA 240 mg，DHA 620 mg），いわし（EPA 600 mg，DHA 260 mg），真鯛（EPA 220 mg，DHA 640 mg），卵（EPA 20〜39 mg，DHA 230〜352 mg）

　機能：加齢に伴い低下する，認知機能の一部である記憶力を維持する

　　• ブリ（EPA 300 mg，DHA 900 mg）

(13) 機能性関与成分がイミダゾールジペプチドである生鮮食品

　機能：日常生活での一時的な疲労感を軽減する

　　• 鶏胸肉（400 mg）

(14) 機能性関与成分がアンセリン，カルノシンである生鮮食品

　機能：加齢により衰えがちな認知機能の一部である，個人が経験した比較的新しい出来事に関する記憶をサポートする

　　• 鶏肉（アンセリン 750 mg，カルノシン 250 mg）

機能：加齢に伴い低下する認知機能の一部である記憶力（言葉を覚え，思い出す能力）を維持する

- 豚肉（1000 mg）

(15) 機能性関与成分が β-グルカンである生鮮食品

機能：食後の血糖値の上昇をおだやかにする

- 大麦（3.1 g）

(16) 機能性関与成分がイヌリンである生鮮食品

機能：善玉菌であるビフィズス菌や乳酸菌を増やすことでおなかの調子を整える

- にんにく（5 g）

このように，生鮮食品を機能性表示することにより，例えば野菜の売り上げは従来より 20〜50％増加したという．それは機能性を表示することにより，新しい販路が開拓され売り上げ量が伸びたこと，販売価格が通常商品より高くなったことによる．

ただし，野菜や果実などの生鮮食品や一次加工食品は，品種，産地（圃場），栽培時期，栽培方法などで機能性関与成分量が異なり，小売店での販売期間中にも減少する可能性があるため，機能性関与成分量のばらつきを最小にするとともに，下限値を超える生鮮食品を出荷することが求められる．機能性関与成分量の下限値を担保するため，ばらつきを少なくする生産・栽培管理技術開発が必須である．また，分析するためのロットの考え方や農産物の全数検査体制（機器開発も含む）を整備していくことも重要な課題となる．すべての農産物の機能性関与成分を全数検査できればよいのだが機器開発は一部しか進んではいない．そのため，農林水産省では，全数検査できない農林水産物中の機能性関与成分量をどうやって測定するのかという，サンプリングやモニタリングに関する考え方を「機能性表示に向けた技術的対応」としてまとめ，2015 年 8 月 24 日に Web 上で公開した[3]．

また，農産物から直接，機能性関与成分を摂取することが原則とすると，1 日に摂取できる食物の量が決まっていることから，様々な種類の機能性関与成分が効果を示すだけの量を摂取するためには，それぞれの農産物における機能性関与成分が通常より多く含まれている必要がある．そのため，機能性関与成分を多く含む農産物品種の開発が必要となる．また，実際の喫食には，かならず加工・調

理が必要なことから，加工・調理過程における機能性関与成分の分解や変性等の検討も必要となる.

　生鮮食品は様々な成分が入った混合成分含有食品である. 現在, 栄養成分と機能性成分は明確に分けられて表示されている. しかし, 海外では栄養成分と機能性成分を区別せず栄養成分として扱っているところも多い. 日本でも両成分とも健康を維持・増進できる成分として同様に取り扱うべきであり, 機能性表示制度については, 特定保健用食品制度や栄養機能食品制度との関係を整理して, 消費者がわかりやすい制度に再設計していくことが重要である. さらに, 今後, 食品の組み合わせによる複合効果に関する研究を行って食事の重要性を明らかにし, 生鮮食品を含む農林水産物の健康機能性は長期の継続的な喫食で発揮されることを消費者に理解してもらうことが必要である. 　　　　　　〔山本（前田）万里〕

図 1.19　機能性表示生鮮食品，加工食品の例
右端の緑茶は農林水産物を乾燥しただけの加工品であり，生鮮食品と同様の取扱いをされる.

Column 2　**機能性表示食品**

　2015 年 4 月 1 日から機能性表示食品制度が, 特定保健用食品制度（トクホ）, 栄養機能食品制度に続いて食品表示基準の中で施行された（図 1）. この制度では, 一般加工食品やサプリメントの他, 農林水産物（生鮮食品）も対象とされたこと, 国ではなく事業者自身が安全性や機能性について責任を持つこと, 届出制であり, 届け出られた情報は消費者庁のホームページで販売前に公開されること, 機能性としては「身体の特定の部位の表現」や「主観的な指標による評価」が認められたこと, 機能性関与成分（機能性成分）の分析法を開示することがトクホと大きく違う点である. 生鮮食品など農林水産物を機能性表示できる制度が世界的に珍しいことから, 現在, アジア各国から注目され, それぞれの国の制度とどう協調するかが検討されている. 届出するためには, その食品の安全性の担保, 機能性成分や機能性

成分の分析法の開示，科学的根拠を臨床試験か研究レビューによって明確にすること，機能性成分の作用メカニズムの考察，当該食品の食経験もしくは安全性試験結果，1日摂取目安量が通常摂取できる量であること，などが求められる．しかし，科学的根拠や作用メカニズムは農業事業者などが整備することは困難な場面が多い．そこで農研機構では，生鮮食品等に自由に届出に使える機能性成分の研究レビューおよび作用メカニズムの事例を17種類公開している．2022年10月17日現在，生鮮食品の届出の約40%で本研究レビューが活用されている．販売されている機能性表示食品の機能性のターゲットは，体脂肪，おなかの調子，血圧，血糖，コレステロール，血管の柔軟性，目，目鼻の不快感，肌，筋肉，排尿，むくみ，骨，膝，末梢体温，睡眠，身体的疲労，精神的ストレス，認知機能，尿酸，肝臓，オーラルケア，免疫機能，ミネラル吸収促進である．また，生鮮食品では155品目が届出・受理されており，野菜，果物，大豆，きのこ，肉，魚，米，大麦，ナッツが届出され，販売されている．　　　　　　　　　　〔山本（前田）万里〕

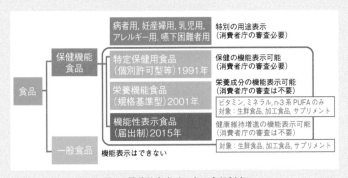

図1　機能性を表示できる食品制度

第2章

食肉・卵・乳製品

2.1 牛 肉

「令和 2 年度の食肉の需給動向について」(農畜産業振興機構)[1] によると，国内の牛肉生産量は 335,559 t（36.2%）で，内訳は和牛が 160,566 t（17.3%），交雑種が 82,160 t（8.9%），乳用種が 87,572 t（9.5%），その他が 5,261 t（0.6%）である．いっぽう，外国からの輸入量は 590,992 t（63.8%）である（図 2.1）．

わが国で生まれたすべてのウシと，生きたまま輸入されたウシには，「牛の個体識別のための情報の管理及び伝達に関する特別措置法（牛トレーサビリティ法）」(2003 年施行) によって，10 桁の個体識別番号が付けられている．食肉の販売にはその牛肉の個体識別番号の表示が義務付けられているため，消費者は，ウシの個体識別情報検索サービス（http://www.id.nlbc.go.jp）により，ウシの出生，飼育牧場，と畜場などの情報を把握することができる．この牛トレーサビリ

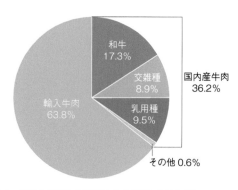

図 2.1 令和 2 年度の牛肉需給表（文献 1 より作成）

ティ法は牛海綿状脳症（bovine spongiform encephalopathy：BSE）のまん延防止措置の的確な実施をはかるために導入された．わが国では 2001 年 9 月以降，36 例の BSE り患牛の発生が確認されている．なお，2009 年 1 月生まれを最後に，国内で生まれたウシでの BSE 発生の報告はない．2013 年 5 月の国際獣疫事務局総会で，日本は「無視できる BSE リスク」に認定されている[2]．

2.1.1　牛肉に関わる危害要因分析

　健康なウシの肉のみが食用となる．公務員獣医師であると畜検査員が，と畜場に搬入されるウシの全頭を検査し，合格したもののみ流通している．

　と畜検査は，疾病管理（ウシの家畜伝染病等のり患の有無を判定．病気のものはと畜禁止・食用不適），微生物制御（衛生的な食肉処理を行っているかの判定），残留抗生物質等の管理（食肉に抗生物質等が残留しないことの判定）を実施している．

　と畜検査で合格となった牛肉は，ウシの疾病管理と残留抗生物質等の管理を実施しているため，これらの危害は無いと考える．よって，牛肉の主な危害要因は，健康な家畜が消化管内に保有している病因物質のうち，と畜処理の工程で牛肉表面に付着する可能性があるものである．以下に主な危害要因を挙げる．

a．腸管出血性大腸菌（EHEC）

　志賀毒素あるいは赤痢菌様毒素等を産生する大腸菌で，ヒトの本菌による感染症は，「感染症の予防及び感染症の患者に対する医療に関する法律（感染症法）」の三類感染症に該当し，患者の全数が報告される．ヒトの EHEC 感染症からは血清型 O157，O26，O111 が分離される頻度が高い．

　本菌は反芻動物，特にウシの腸管内に生息している．ウシの腸管から，と畜処理工程で，枝肉やレバーなどの内臓への汚染が発生すると，汚染肉や内臓を加熱しない，または，加熱不十分な状態で喫食，または，加熱後二次汚染した食品を喫食することで発症する．なお，EHEC は牛レバー内部にも存在することから，牛レバーの生食は EHEC およびカンピロバクターによる感染症・食中毒対策から 2012 年 7 月 1 日より禁止されている．

　原因食品の摂取から発症までの潜伏期間は 3〜7 日，発症菌量は 100 個程度と少ない．主な症状は血便と激しい腹痛で，便は水様性から鮮血便である．腎機能低下などを呈する溶血性尿毒症症候群（HUS）や脳症を併発することがある．本症は，幼児および高齢者に激しい症状をもたらすが，健康な成人は発症しない

表2.1　肉用牛農場における腸管出血性大腸菌 O157 および O26 の保有状況（文献3を一部改変）

対象	調査数	腸管出血性大腸菌 O157		腸管出血性大腸菌 O26	
		陽性数	陽性率(%)	陽性数	陽性率(%)
肉用牛農場	50 農場	25 農場[1]	50	3 農場[2]	6
肉用牛	500 頭	94 頭	19	5 頭	1

1) 腸管出血性大腸菌 O157 陽性農場 25 農場中 20 農場（80%）が, 調査対象の 10 頭のうち 2 頭以上が陽性. 1 農場（4%）が 10 頭すべてが陽性.
2) 腸管出血性大腸菌 O26 陽性農場 3 農場中 1 農場が, 調査対象の 10 頭のうち 1 頭のみ陽性, 2 農場では 2 頭が陽性.

で, 菌を腸内で保有することもあり, このことが二次感染の原因となることがある.

　農林水産省が 2012 年度に実施した肉用牛農場の保菌状況調査結果を表2.1に示す[3]. 肉用牛を飼育する 50 農場で, 1 農場につき 10 頭（計 500 頭）の直腸便（1 農場につき試料 10 点）を採取したところ, 農場別にみた EHEC O157 の保有率は 50%（25/50 農場）, ウシの EHEC O157 保有率は 19%（94/500 頭）であった. 農場別にみた EHEC O26 の保有率は 6%（3/50 農場）, ウシの EHEC O26 保有率は 1%（5/500 頭）であった. わが国の多くの肉用牛は EHEC を糞便中に保有しているといえる. なお, ウシは本菌を保有していても臨床症状を示さない.

b. カンピロバクター・ジェジュニ / コリ

　カンピロバクター（*Campylobacter*）は食中毒の原因菌である. 原因食品の摂取から発症までの潜伏期間は 2〜5 日, 発症菌量は 10^2〜10^3 個程度と少ない. 主な症状は下痢（水様便, 軟便, 粘血便, 1 日数回から十数回に及ぶ）, 腹痛および発熱（37〜40℃）などの胃腸炎症状である. 胃腸炎症状が治療した数週間後, ギランバレー症候群という自己免疫性末梢神経疾患（手指, 四肢のしびれ, 震えなど）を発症することがある.

　2012 年度に前述の EHEC の調査と同じ農場で実施した肉用牛農場のカンピロバクター保菌状況調査結果を表2.2に示す[4]. 農場別にみたカンピロバクター保有率は 78%（39/50 農場：24 農場はジェジュニ（*C. jejuni*）のみ, 1 農場はコリ（*C. coli*）のみ, 14 農場はジェジュニとコリ両菌種が分離）, ウシのカンピロバクター保有率は 39%（193/500 頭）である. カンピロバクターは胆汁に耐性があるため, 22%（31/142 検体）の胆管内の胆汁および 11%（27/236 検体）の肝臓から分離されている.

表2.2　肉用牛農場におけるカンピロバクターの保有状況（文献4を一部改変）

対象	調査数	カンピロバクター	
		陽性数	陽性率(%)
肉用牛農場	50 農場	39 農場 [1]	78
肉用牛	500 頭	193 頭	39

1) カンピロバクター陽性農場 39 農場中 24 農場（62%）はジェニュニのみ，1 農場（3%）はコリのみ，14 農場（36%）はジェジュニとコリの両菌種が検出．また，陽性 39 農場中 35 農場（90%）が調査対象の 10 頭のうち 2 頭以上が陽性，2 農場（5%）が 10 頭すべてが陽性．

2.1.2　牛肉・牛レバーに関わる食中毒発生状況

2006〜2021 年の 15 年間の牛肉・牛レバー等の食中毒発生状況[5] を図2.2 に示す．15 年間で 137 件発生している．

牛レバーの生食に由来する食中毒は 87 件（64%）で，その多くは牛レバーの生食が禁止された 2012 年以前の発生である．牛レバーの生食が禁止される 2012 年 7 月 1 日直前に喫食した人の食中毒事例が 7 件（すべてカンピロバクター）発生している．2015 年の 1 件と 2021 年の 1 件は家庭内での発生である．病因物質の内訳は，カンピロバクターが 72 件，EHEC が 13 件，その他の細菌が 2 件である．

牛レバーの生食を除く牛肉・牛レバーの調理品の食中毒は 50 件発生し，病因物質の内訳はウェルシュ菌が 15 件で最も多く，次いでカンピロバクターが 12 件，EHEC と黄色ブドウ球菌が 10 件ずつである．ウェルシュ菌食中毒では「ローストビーフ」が 10 件，「牛肉の煮込み」3 件，「牛じゃが煮と牛焼肉」が 1 件ずつである．カンピロバクター食中毒では「加熱不十分な牛レバーを含む焼肉料理」，「ローストビーフ丼」，「牛レバーの低温オイル煮」，「牛肉ステーキ」，「牛カルビ串」等である．10 件の EHEC 食中毒の内訳は，「牛成形肉ステーキ」3 件，「加熱不十分な牛肉を含む料理」，「不明（牛生センマイ，牛心臓の刺身を含む）」，「ローストビーフ，和風ロースト握り，焼肉盛合せ」，「加熱不足の焼肉（牛ホルモン，牛サガリ，牛カルビ）(推定)」，「サンドウィッチ及びローストビーフ」，「加熱用牛肉調理品（推定）」，「牛ハラミ丼」である．黄色ブドウ球菌の食中毒は，「ローストビーフ」3 件，「牛すき焼重弁当」，「牛飯弁当」，「麦とろ牛ぶっかけうどん」，「牛バラ焼きそば」2 件，「牛カツ玉子とじ」，「ビーフソティ」等である．ウェルシュ菌と黄色ブドウ球菌による食中毒は，調理工程や調理後の不適切な保管によるものと思われる．

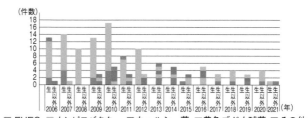

図2.2 2006〜2021年の牛肉・牛レバーの食中毒発生件数（文献5より作成）
生：生レバー・レバ刺しによるもの.
生以外：生レバー・レバ刺しによるものを除くもの.

2.1.3　生食用食肉の規格基準設定の背景と規格基準，表示基準

　2011年4月に，富山県等の焼肉チェーン店で提供された牛ユッケなど牛肉を生食したことが原因と考えられるEHECによる食中毒が発生した．本食中毒で4名が死亡している．これをうけ，同年10月1日から「生食用食肉（生食用として販売される牛の食肉（内臓を除く））」について，食品衛生法および食品表示法に基づく「規格基準」並びに「表示基準」が制定された．対象食品は，「牛ユッケ，牛タルタルステーキ，牛刺し及び牛タタキ」である．

　規格基準の成分規格では，①生食用食肉は，腸内細菌科菌群が陰性であること，②この検査記録は1年間保存すること．

　規格基準の加工基準では，①専用の衛生的な加工設備を設置しその中で加工実施，②清潔で衛生的かつ洗浄・消毒が容易な器具を用いる，③生食用食肉を取り扱う者の規定，④肉塊の衛生的取扱いと温度管理（表面温度が10℃をこえないこと），⑤肉塊内部への汚染拡大防止措置を図る，⑥原料肉の取り扱い，⑦加熱殺菌または同等の殺菌措置を実施した後の冷却（肉塊の表面から深さ1 cm以上の部分を60℃，2分間以上加熱する殺菌方法，またはこれと同等以上の殺菌効果を有する方法で殺菌した後，速やかに4℃以下に冷却），⑧⑦の温度および時間の記録は1年間保存すること，が定められている．

　規格基準の保存基準では，①生食用食肉は4℃以下，または，−15℃以下で保存，②清潔で衛生的な容器包装に入れて保存すること．

　規格基準の調理基準では，①前述の加工基準①〜⑤に従い調理すること，②加工基準の⑥と⑦の処理を経た肉塊を調理すること，③調理を行った生食用食肉は速やかに提供すること，などが定められている．

　食品表示基準では，生食用食肉を飲食店等で販売する場合は，店内やメニュー

など見やすい場所に，①一般的に食肉の生食は食中毒のリスクがあること，②子ども，高齢者その他食中毒に対する抵抗力の弱い者は食肉の生食を控えること，を表示する．また，容器包装に入れて販売する場合は，①と②に加え，③生食用であること，④とさつまたは解体が行われたと畜場の名称と所在地の都道府県名（輸入品の場合は原産国名），⑤加工施設の名称と所在地の都道府県名（輸入品の場合は原産国名）を表示しなければならない．

2.1.4　牛肉の衛生管理

ゼロトレランスとは，「糞便，消化管内容物および乳房内容物が枝肉に付着していないことを目視で確認すること」である．1998 年，米国農務省食肉衛生検査局（FSIS）は，と畜場に HACCP を導入し，2004 年からゼロトレランスをFSIS の実施する HACCP の外部検証の中に組み入れた．と畜検査員は糞便，消化管内容物および乳房内容物が枝肉に付着していないことを目視検査し，汚染が認められた場合は，と畜検査員の監督下で汚染された部位を，と畜場の作業員に迅速に除去させ，汚染の無い枝肉を生産させている．このゼロトレランスはと畜場が実施している HACCP の中にも組み入れなければならず，作業工程の重要管理点，または，一般衛生管理で管理することとなっている．

HACCP は，と畜場事業者自らが食中毒菌汚染や異物混入等の危害要因（ハザード）を把握した上で，動物の入荷から食肉に至る全工程の中で，それらのハザードを除去または低減させるために特に重要な工程を管理し，製品の安全性を確保する自主衛生管理手法である．国連のコーデックス委員会は世界各国にHACCP の導入を推奨している．

わが国のと畜場は「と畜場法」に従い衛生管理されており，2021 年 6 月からすべてのと畜場は HACCP による衛生管理を導入している．と畜検査員は，と畜検査に加えて，HACCP が定められた通り実施されているか，外部検証（衛生管理計画および手順書の確認，衛生管理の実施記録の確認および現場での実施状況の確認，衛生指標菌を用いた微生物試験の実施）を行っている．　　〔森田幸雄〕

2.2　乳および乳製品

　乳および乳製品は長く人類の重要な栄養源となっている．一方，水分が豊富なこうした食品は様々な微生物にとっても増殖に適した環境となっており，国内では，「乳及び乳製品の成分規格等に関する省令」（乳等省令）に基づいてリスク管理が行われており，乳および乳製品は加熱殺菌処理をしてから，冷蔵温度帯で流通させる管理体制がとられている．

　国内に流通する牛乳の多くは，製造工程で120～150℃で1～3秒加熱処理がなされている．一方，牛乳本来の風味をより安定的に保持するための加熱処理としては，63～65℃で30分以上（またはそれと同等）の加熱処理も実施されており，国内でも量的には少ないものの流通している．この他，ごく一部ながら，特に厳しい衛生管理と微生物基準の下で製造される特別牛乳の中には，加熱殺菌しない牛乳も流通が認められている．したがって，原材料に加熱工程を加えずに牛乳を飲用する，生食の機会は国内ではまれである．一方，海外の一部の国では加熱殺菌が行われない乳を用いてチーズやバター，生クリーム等の乳製品を製造する場合もあり，日本に輸入されている製品もある．本節では，乳および乳製品の摂取によって起こりうる健康被害とその要因について，細菌を主な対象として解説する．

2.2.1　乳および乳製品による食中毒の発生状況

　2010年以降に国内で発生した乳および乳製品由来の食中毒事例を表2.3に示す．現在，国内では乳および乳製品の喫食に起因する食中毒の発生はまれである．平成26（2014）年および平成30（2018）年に発生した事例は，牧場での未殺菌乳を喫食したための発生で，法令に違反していたものである．一方，国内では，平成12（2000）年に脱脂粉乳に起因して生じた黄色ブドウ球菌集団食中毒事件（有症者14,780名）や，令和3（2021）年に学校給食牛乳に起因して生じた下痢原性大腸菌集団食中毒事件（有症者約900名）等があるが，これらは製造工程で使用した機器の故障等が原因となっていたものである．こうした流通量の多い製品が原因食品となった場合には1事件当たりの患者数は大きくなる傾向にある．こうした人為的な事故を防ぐためにも，HACCPに沿った衛生管理を適切に行うことが重要と思われる．以上のデータから，近年国内で製造加工される乳お

表2.3 国内で2010年以降に発生した乳および乳製品を原因とする食中毒集団事例
（厚生労働省食中毒統計より作成）

発生年	事例数	患者総数	死者数	病原菌
2010	1	85	–	黄色ブドウ球菌
2011	–	–	–	
2012	–	–	–	
2013	–	–	–	
2014	1	40	–	カンピロバクター
2015	–	–	–	
2016	–	–	–	
2017	–	–	–	
2018	3	38	–	カンピロバクター
2019	–	–	–	
2020	–	–	–	
2021	1	約900	–	病原大腸菌

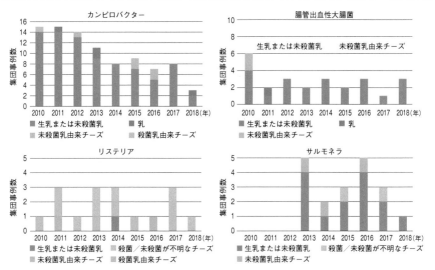

図2.3 アメリカでの乳および乳製品による主な食中毒集団事例（2010～2018年，NORSを基に作成）

よび乳製品が原因となった食中毒の発生は少ないながらも，数年に一度起こっている状況がわかる．

　一方で，海外の例として，アメリカでは2010～2018年の間に，乳および乳製品による集団食中毒事件が毎年複数報告されている（図2.3）[1]．このデータから，カンピロバクター，腸管出血性大腸菌，サルモネラ属菌，リステリア・モノサイトゲネス（以下，リステリア）が乳および乳製品による食中毒の主な病因物質で

あることがわかる．これらのうち，前3者を病因物質とする事件の大半は，未殺菌乳またはこれを原料として製造されたナチュラルチーズが原因食品となっていた．一方，リステリアによる食中毒事件では，殺菌された乳を用いて製造されたナチュラルチーズが原因の多くを占めていた．リステリアは，製造環境に広く分布する可能性があり，加熱殺菌後に製品を汚染したために生じていると推察される．注意すべきは，リステリア食中毒事件では死者が発生するおそれが大きいことである．実際に図2.3に示した事件では計19名の死者が発生していたが，うち17名はリステリアによるものであった．

　なお，国内ではリステリア症は報告義務のない疾患であり，正確な発生数は不明ながら，2001年にはナチュラルチーズによると推定される集団感染事件も報告されている[2]．

2.2.2　乳および乳製品における危害要因

　上述の食中毒発生状況を踏まえ，乳および乳製品に含まれ得る主な食中毒菌を表2.4にまとめた．これらの多くは乳生産動物の糞便や体表に存在し，製造工程で汚染するおそれがあるが，製造工程での加熱殺菌と製造工程から消費に至る工程での温度管理を徹底することで健康被害が起こり得ないレベルにまでリスクを低減することができる．ただし，リステリア等は環境に広く存在し，製造環境からの汚染も少なくないと考えられる．リステリアは低温でも緩やかではあるが増殖するため，冷蔵庫保管の過信は危険であり速やかな消費が望ましい[3]．なお，本菌は加熱には弱く，食べる前に十分加熱すれば安全を確保できる．

　また，黄色ブドウ球菌による食中毒は，食品内で当該菌が増殖する際に産生さ

表2.4　乳および乳製品における主な生物的危害要因

食中毒菌	主な汚染源	加熱殺菌による制御	低温保管による制御
サルモネラ属菌	原料汚染	○	○
カンピロバクター	原料汚染	○	○
腸管出血性大腸菌	原料汚染	○	○
リステリア	製造加工環境	○	×
黄色ブドウ球菌	原料汚染	○	○（ただし毒素産生後は制御不可）
セレウス菌	原料汚染	△（芽胞状態は耐熱性が高い）	

れる毒素（エンテロトキシン）が原因となって発生するものであることから，製造加工，流通，消費の各段階を通じて菌数が増えないようにすることが重要である．すなわち，一旦毒素が十分量産生された後では冷蔵保管は意味をなさない．したがって店頭で購入した製品は温度が上昇しないよう速やかに持ち帰り，冷蔵庫に入れて保管することが重要な対策となる．

2.2.3 細菌汚染レベルと消費期限

国内の乳および乳製品は，乳等省令に基づいたリスク管理がなされ，多くの食品では細菌数と大腸菌群が微生物成分規格として設定されている．本規格に違反した製品は販売してはならないとされ，流通製品が原因となって食中毒が発生，あるいはそのおそれが生じた場合には速やかな回収が行われる．成分規格は，製造時の衛生管理が適切に行われていることや，流通・販売時の温度管理等が適切であることを確認するために設定されたものである．このほか，ナチュラルチーズのうち，水分が多いソフトおよびセミハードタイプの製品については，1gあたりリステリアが100個を超えてはならないとされる．

図2.4には乳および乳製品の製造時に用いられる主な加熱殺菌温度と主な食中毒菌の増殖可能性を示す．セレウス菌等の芽胞形成菌を除き，細菌の増殖は100℃を超える高温で長時間加熱殺菌すれば制御できるが，例えば低温殺菌牛乳を製造する際に用いられる加熱殺菌条件では，製品中に存在するすべての細菌を死滅させることはできず，その後の温度管理や消費するまでの期間の短縮等を徹底することが安全を確保する上で重要と言える．こうした低温殺菌牛乳や乳製品の多くでは消費期限（未開封状態で指定温度下で保管した場合に喫食が許容される期限）が記されており，数日〜1週間程度に設定されている．また，UHT（ultra high temperature, 超高温殺菌）乳では賞味期限（未開封で指定温度下で保管した場合にこの日までに喫食する方が良いとされる期限）が記され，2週間程度である場合が多い．どちらも開封後は，取り扱う時に環境中の細菌混入を完全に防ぐことはできないため，冷蔵保管していても2日程度で消費すべきと思われる．

一般に製造直後の時点で製品中に含まれる食中毒菌の汚染菌数はごく微量と考えられるが，製品の温度管理不備等により，消費者が摂取するまでの間に細菌が増殖し，食中毒が発生するおそれもある．腐敗・変敗の原因菌は病原菌であることが多く，腐敗した食品からは1g当たり1000万〜1億個以上の細菌が検出される場合が多い．一方，健康成人が感染・発症するためには，病原大腸菌では

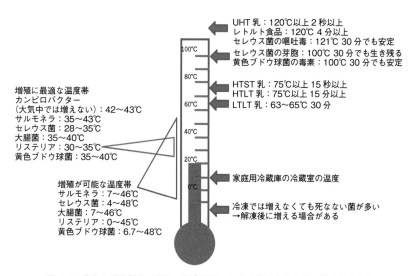

増殖に最適な温度帯
カンピロバクター
（大気中では増えない）：42～43℃
サルモネラ：35～43℃
セレウス菌：28～35℃
大腸菌：35～40℃
リステリア：30～35℃
黄色ブドウ球菌：35～40℃

増殖が可能な温度帯
サルモネラ：7～46℃
セレウス菌：4～48℃
大腸菌：7～46℃
リステリア：0～45℃
黄色ブドウ球菌：6.7～48℃

UHT乳：120℃以上2秒以上
レトルト食品：120℃4分以上
セレウス菌の嘔吐毒：121℃30分でも安定
セレウス菌の芽胞：100℃30分でも生き残る
黄色ブドウ球菌の毒素：100℃30分でも安定

HTST乳：75℃以上15秒以上
HTLT乳：75℃以上15分以上
LTLT乳：63～65℃30分

家庭用冷蔵庫の冷蔵室の温度

冷凍では増えなくても死なない菌が多い
→解凍後に増える場合がある

図2.4　乳および乳製品の製造・保存過程における主な食中毒菌の増殖温度条件

1 g当たり数個，リステリアでは1 g当たり1万個程度（ハイリスクグループの場合はより少量で発症）と決して多くはない菌数が必要となる．こうした食中毒菌は仮に食品中に存在していたとしても，臭いや色調，味等に全く変化はなく，臭い等で安全性を判断することはできないことが通常である．特に，リステリアのように発症にある程度の菌量を必要とするものでは，製品出荷時の汚染菌数をできるだけ低くすることとともに，保存中の食品内での菌の増殖をできる限り抑えること，さらに，菌が増殖する前に喫食することが大切である．食品中でのリステリアの増殖性に関する知見として，例えば，カマンベールチーズに1 g当たり100個のリステリアを人工的に汚染させると，10℃で5日保存した後には1 g当たり約1,000個に増殖したとの報告もある[4]．すなわち，できるだけ低い温度（チルド室等，約0～2℃）で保管し，できるだけ早く食べることが，リステリアによる健康被害を制御しつつ，美味しさを享受することにつながると言える．

　一方，病原大腸菌のようにごく少量の菌で感染を引き起こす食中毒菌への対策として，特に高齢者や乳幼児，糖尿病患者など免疫が強くないヒトがナチュラルチーズ等を食べる際には直前に十分な加熱を行うことが推奨される．

2.2.4　家庭でできる対策
本節では乳および乳製品に起因する食中毒発生状況やそれに基づく主な危害要

因を挙げ，これらの制御に有効となる同食品の適切なリスク管理策を例示した．タンパク質，カルシウム，ビタミンなどの栄養豊富な乳および乳製品を安全に楽しむ上では，①農場等で未殺菌乳あるいはこれを原料として製造された乳製品の喫食を避けること，②衛生管理が徹底された施設で製造された製品を購入すること，③特に高齢者や乳幼児等がナチュラルチーズを食べる時は加熱してから食べること，④冷蔵庫ではチルド室等，できるだけ低温で保存し，消費期限や賞味期限を確認し，なるべく早く消費すること等が家庭でできる主な対策であろう．

〔岡田由美子〕

2.3 豚　肉

　現在わが国の一般庶民にとって豚肉は手頃な価格で入手できるたいへん人気のある食肉といえるだろう．エネルギー，たんぱく質，脂質の量は，牛肉と鶏肉の中間に位置するが，栄養学的特徴としてビタミン B_1 が他の肉に比べとても豊富であることが挙げられる．成人のビタミン B_1 推奨摂取量から考えると豚肉 150 g 程度で 1 日分が十分まかなえるようだ．

　歴史的に見ると，豚肉料理は江戸時代末期に外国との窓口であった長崎を通じて広がり，一部の地域で豚肉食が進んでいった．幕末には豚肉食が流行し，徳川 15 代将軍慶喜が好んで食べたことが知られている．

　明治時代に入り政府が肉食を奨励し，海外から飼育法といくつかの品種が取り入れられて養豚が始まった．加工技術も導入されハムやベーコンなどが生産できるようになっていった．現在では，トンカツ，カツ丼，豚汁など，和食といっても過言ではないほどわが国に馴染んだ豚肉料理が確立されている．

　海外に目を向けると，人類の狩猟採集社会や農耕文化が成立した頃から動物の飼育が始まっており，人と動物の関係は地域と文化により多様性が見られる．さらに宗教と信仰が食文化に大きく関与しており，ユダヤ教とイスラム教の信者は基本的に豚肉を食べることはないが，キリスト教や仏教を信仰する人々にはこのような食規定は見られない．

　地球上には様々な気候や地質地形が存在し，乾燥した地域ではヒツジなどの放牧が，水の豊かな地域では稲作が，といった具合にそれぞれの地域に適した牧畜や農耕が行われる．ウシやヒツジなどの反芻動物はセルロースを多く含んだ繊維

質を栄養源として利用するので，飼料を人と競合することは少ないが，ブタには
このような特徴はなく雑食性であることから人と同じ食材で飼育することができ
る．これは，ブタと人との間で食料確保の面において競合することを意味すると
同時に人の余った食料で飼育できることも意味している．古来より乾燥した地域
での暮らしにおいては人とブタとの共存は適さなかったが，水の豊かな地域で
は，野菜，果実，魚などの人の食料と共通する食材の残渣であってもブタを飼育
できたものと考えられる．中国や東南アジアなどでは農耕開始の時代よりこうし
たブタの飼育が行われており，食材としてよく用いられる伝統がある．

　現代における豚肉食は，宗教が世界的に拡大した影響で，地域の特徴や生活様
式よりも信仰そのものの規制を受けるようになっている．

2.3.1　豚肉の加熱と生食

　太古の時代より食料を確保することは人類が生き延びるために最も重要な行動
であった．狩猟や飼育で得られた動物の肉はどのようにして食されたのであろう
か．遺跡より加熱された動物の骨が見つかっていることから，大昔より肉の加熱
が行われていたと考えられてはいるが，生で食べるようなことがあったのかなか
ったのか，はっきりと言及することはできない．一般的に，肉は加熱によって
味・香り・色・硬さなどが変化して美味しくなるが，欧米での牛肉レア焼きステ
ーキ，わが国のレバ刺し（現在では提供禁止）や鳥刺しなどのように生または一
部生で食することが好まれる場合もある．肉の生食は文化や慣習などに大きく依
存し，ある地域や集団では習慣的な行動として捉えることができるが，豚肉の生
食となると習慣とするような文化や地域は世界的にほとんどみられない．

　食料確保の観点から，加熱しない食材の保存法として「塩漬け」「燻製」「発酵」
などが世界中いたるところで見られる．「塩漬け」は塩分濃度を高めることで，「燻
製」は煙で燻すことによって，それぞれ食材の水分を減らして保存性を高めてお
り，「発酵」は香味をつけると同時に防腐効果を高める．食肉の保存や加工にも
土地それぞれの環境や文化・習慣が影響しており，これらの方法を用いて独特の
食文化を形成している地域がある．西欧では，豚肉の保存食として，ハム，ベー
コン，ソーセージなどの製法が確立され美味しい食材として世界中に広がってい
る．これらの食材は保存後，加熱して食べられることが多いが，生ハムやサラミ
ソーセージなどのように加熱せずに食されるものもある．

　ドイツでは，「メット」や「ハッケペーター」といった塩と香辛料で味付けさ

れた豚ひき肉が生食材としてスーパーなどで普通に販売されており，パンに乗せて食べるとたいへん美味しくとても人気があるらしい．アジアでは，中国国境周辺の一部の地域で特別な祭日などに生の豚肉を食べる慣習が見られるようだ．わが国では，馬刺し，鳥刺しが地域的によく食べられており，牛のレバ刺しも法的な提供禁止措置がとられるまでは一般的によく食されていた．しかしながら，わが国では豚肉の生食習慣はなく，加熱して食べるものという一般的な認識があったと言ってよいだろう．

2.3.2　生食用豚肉提供禁止措置の背景と効果

　上述の通りわが国におけるブタの生食習慣はなく，ブタ生食を原因とする食中毒もまれにしかなかったのであるが，食品衛生法に基づき平成 24（2012）年 7 月 1 日に，前述した飲食店におけるウシの生レバーの提供販売禁止措置が始まってから状況は一変することになった．すなわち，一部の愛好者たちが飲食店で牛レバ刺しの代替食として豚レバ刺しを求め始め，豚生レバーの販売提供が相次ぐ

表2.5　豚肉の生食が原因と推定された食中毒事例（2000〜2020 年：厚生労働省食中毒統計より作成）[1]

発生年	発生場所	原因食品	病因物質	原因施設	摂食者数	患者数	死者数
2001	青森県	豚生レバー	細菌 腸管出血性大腸菌	家庭	4	1	0
2003	宮城県	豚レバ刺し	細菌 サルモネラ属菌	飲食店	3	1	0
2005	愛知県	豚レバ刺し	細菌 サルモネラ属菌	飲食店	13	9	0
2007	群馬県	豚レバ刺し(推定)	細菌 カンピロバクター	飲食店	6	5	0
2008	神奈川県	豚レバ刺し(推定)	その他	飲食店	30	15	0
2010	岐阜県	豚生レバー	細菌 カンピロバクター	飲食店	2	2	0
2013	千葉県	豚レバ刺し(推定)	細菌 サルモネラ属菌	飲食店	6	6	0
2013	東京都	豚レバ刺しを含む料理	細菌　その他	飲食店	3	2	0
2014	新潟県	豚生レバー(推定)	細菌 カンピロバクター	飲食店	2	2	0
2014	広島県	豚生レバー	細菌 サルモネラ属菌	飲食店	21	15	0

という事態が発生してしまったのである．そこで，同年 10 月 4 日厚生労働省から各自治体の関係部署へ，事業者に対し豚レバーに必要な加熱を行うようにとの指導と，消費者に対し加熱して喫食するようにとの注意喚起が要請された．厚生労働省の統計によると平成 13〜24（2001〜2012）年の 12 年間に発生した豚生レバーに関連する食中毒は 6 件であったが，平成 25（2013）年と 26（2014）年に立て続けにそれぞれ 2 件ずつ発生した（表 2.5）．

　このような状況のもと，平成 27（2015）年 6 月 12 日，豚生レバーの食中毒リスクを勘案して食品衛生法に基づき，豚の食肉や内臓を生食用として販売・提供することも牛と同様に禁止されることになった．平成 27 年以降令和 2（2020）年まで統計上，豚生レバー関係の食中毒発生報告例はない．

2.3.3　豚肉および豚肉製品の規格基準

　食品の規格基準は，食品衛生法に基づいて定められており，平成 27 年 6 月 2 日の通知 [2)] でその一部が改正され，食肉としての豚肉の規格基準が規定されることになった．その主な内容が意味するところの概要は，①豚肉を生食用として販売できないこと，②調理等を行い販売する場合は食肉の中心部温度を 63℃ で 30 分間（またはこれと同等）以上の加熱をしなければならないこと，である．もちろん内臓肉も含まれるため豚生レバーの提供も不可となった．加熱に関わる条件としての 63℃ 30 分と同等な温度と時間は，特別な計算式から導き出すことができ，75℃ 1 分 40 秒，80℃ 30 秒，90℃ では 3 秒程度となる．実のところ，対象とする病原微生物によって計算式が少し異なるのであるが，これらの値はほとんどの病原体に対応できると考えられる．加熱に使用する湯や加熱器の温度ではなく，肉塊の中心温度であることに注意しなければならない．これは，豚肉の表面だけでなく内部に潜む危害要因があること，すなわち病原体が存在することを意味し，そのリスクを低減するための条件である．

2.3.4　豚肉に関わる主な危害要因

　豚肉を介してヒトへ感染する重要な病原体として，E 型肝炎ウイルス（▶危害要因コラム⑤参照），サルモネラ（▶危害要因コラム①参照），リステリア（▶危害要因コラム④参照），カンピロバクター（▶危害要因コラム②参照），エルシニア，そして有鉤条虫，トキソプラズマ，旋毛虫などの寄生虫（▶危害要因コラム⑥参照）がある [3)]．

E 型肝炎ウイルスはブタの肝臓（レバー）で増殖し，ヒトがこの生レバーを食べると肝炎を引き起こすおそれがある．わが国で飼育されているブタは出荷される頃にはほぼ抗体を保有しているため，ほとんどのブタがいったんこのウイルスに感染していると考えてよいが，ウイルス自体が分離されることはまれである．出荷時のブタ肝臓にはウイルスが残存している可能性があり，市販の豚生レバーの約 2% にウイルス遺伝子が検出されたという報告がある[4]．1999 年 4 月〜2005年 8 月に診断された国内のヒト E 型肝炎症例 86 例のうち 16 例は豚生レバーが推定感染経路と考えられている．ヒトの E 型肝炎は急性で劇症化することがあり，その死亡率は 1〜3% とされている[5]．E 型肝炎ウイルスは豚肉を汚染する病原体の中で最も影響が大きく，また生食との関連で最も重要視される．

細菌性の病原体の中で，サルモネラ，カンピロバクター，エルシニアは主に動物の腸管内に生息し増殖する細菌であるが，肝臓にも侵入することがあるのでその内部からも検出されることがある．食肉処理工程で糞便を介して肉の表面を汚染することもあり，汚染した肉をひき肉にすると肉塊内部が汚染してしまうので，塊の中心部が規定温度に達していないと食中毒につながる．エルシニアはブタが高頻度に保有する病原細菌であり，4℃ またはそれ以下でも緩やかながら増えるという特徴があるため，他の細菌とは異なり豚肉を通常の冷蔵庫で保存しておいても保存期間が長くなれば安心できない．

有鉤条虫は，いわゆるサナダムシと呼ばれる寄生虫の一種でヒトの小腸に寄生する．ヒトの腸管内にこの寄生虫の成虫がいても通常は特に症状は見られずまれに下痢や食欲不振が起こる程度である．ブタの筋肉内や臓器で幼虫が嚢（シスト）を作って潜みヒトに食べられるのを待っている．

トキソプラズマの成虫はもともとネコの腸管内にいて産卵し糞便中に虫卵（オーシスト）を排泄する．このオーシストが様々な動物の口から入って体内の細胞で増殖し，筋肉や臓器でシストを作って潜み，ネコ科の動物に食べられるのを待つ．トキソプラズマのシストが存在する豚肉をヒトが生で食べると感染すると考えられている．感染したヒトでは筋肉をはじめ脳や眼，神経などへも移行してシストを形成することになり，それぞれの臓器で激しい症状を引き起こすことになる．妊娠した母親が感染すると胎盤を介して胎児も感染し先天性の症状が生じるおそれがある．

旋毛虫は，アメリカやヨーロッパのブタで感染が見られることがある．ブタ以外の動物としてクマやネズミも感染することがある．筋肉中で幼虫がシストを形

表2.6　日本国内で診断・報告された豚肉を原因とする旋毛虫症の事例[6]

感染地	原因食品	発症者数	診断の根拠	報告年
タイ	豚肉	1	症状，抗体	1985
鳥取県	豚肉	1	症状，抗体	1986
山形県	豚肉	1	症状，抗体	1986
広島県	豚肉？	1	症状，抗体	1987
ポーランド	ソーセージ？	1	抗体	1999
ケニア	豚肉？	1	症状，抗体	2003

成しており，肉を食べた動物の体内で幼虫が動き出し小腸で成虫となる．成虫から幼虫が産出され全身の筋肉や臓器へ移行する．感染生肉をヒトが食べると，幼虫が移行した臓器で激しい症状が生じる場合がある．わが国では，豚肉で本食中毒の発生は報告されておらず，クマ肉の刺身やローストによる食中毒が発生している[5]．一方，ヒトの感染症として旋毛虫症と診断されたものの中で，豚肉が原因と考えられる症例がいくつか報告されている（表2.6）[6]．

　このように豚肉はヒトの旋毛虫症の原因となるが，国内で生産されたブタから旋毛虫が検出されることはなく，原因食品は輸入された肉であろうと思われる．日本で飼育されるブタの旋毛虫保有状況についての詳しい調査報告はなく，感染源としての役割は不明である．

2.3.5　衛生管理と予防

　前項で述べたように，ブタの肝臓（レバー）の内部にはE型肝炎ウイルスや食中毒細菌，寄生虫などが存在する可能性がある．レバー以外の肉の部分であっても寄生虫が存在していることもありえる．通常の食肉検査で病変が認められる豚肉は廃棄されるが，これらの病原体ではブタに症状や病変が生じないことがあり，汚染された肉が市場に出る可能性は否定できない．豚肉はレバーを含め生で食べることは避け，肉の中心部まで十分に加熱する必要がある．　　　〔中馬猛久〕

2.4　鶏　肉

　鶏肉とは一般にキジ科のニワトリの食肉を指し，牛肉や豚肉と並び，世界的に

最も好まれて消費される食肉の1つである．鶏肉は牛肉や豚肉に比べて脂肪含有量が少なく，たんぱく質やビタミンを多く含む．関西・九州地方では「かしわ」と呼ばれることもあるが，その語源は褐色羽毛を持つ日本在来種ニワトリである「かしわ」の名称が鶏肉の一般名称として用いられるようになったためとする説がある．

農林水産省・食料需給表によると，国民1人が1年間に消費する鶏肉は令和2（2020）年度では豚肉の20.5 kgに次ぐ19.5 kgとなっており，肉類全体の38.4%（19.5/50.8 kg）を占めている．また，同年度の鶏肉の国内生産量は1,656,000 t，輸入量は859,000 tとなっており，およそ2/3の鶏肉が国内で生産されている状況にある．

国内で流通する鶏肉およびその内臓肉は基本的に加熱用であり，法令に基づいた生食用鶏肉は現時点では存在しない．鶏肉は養鶏場で生産された生鳥が食鳥処理場に運ばれ，食鳥処理・加工され，鶏肉として冷蔵または冷凍温度帯で流通している．本節では，安全性確保の観点から，鶏肉で注視すべき微生物汚染リスクを挙げ，それらのリスクを低減していくためのリスク管理状況を概説するとともに，家庭で留意すべき点を紹介したい．

2.4.1　鶏肉の危害要因分析と食中毒発生状況

食品の危害要因分析を行う上で，ヒトの健康を損ねること，すなわち食中毒発生状況等は後述する衛生管理を行う上での重要な判断根拠として活用されている．鶏肉に関わる危害要因としては，国内外を問わず，食中毒細菌であるサルモネラ（▶危害要因コラム①参照）およびカンピロバクター（▶危害要因コラム②参照）が挙げられる．国内における公衆衛生上の健康被害状況は，厚生労働省が公表している食中毒統計資料で確認することができる．2007〜2018年に発生したカンピロバクター食中毒事件に着目すると，生食用牛肉の規格基準（2011年）や牛肝臓（レバー）や豚肉・豚内臓肉の生食提供禁止（2012年）が措置された以前に比べ，近年は特に鶏肉がカンピロバクター食中毒の原因食品である割合が増加している[1]（図2.5）．本食中毒事例の多くは患者数が1〜数名の場合が多いが，2016年には屋外イベントで提供された鶏ささみ寿司等を原因とする大規模食中毒が発生している．2017年に発生した本食中毒事例の約半数は，加熱用と表示された鶏肉・鶏内臓肉を仕入れた飲食店等が生食あるいは加熱不十分な鶏肉料理を提供したことにより発生している．

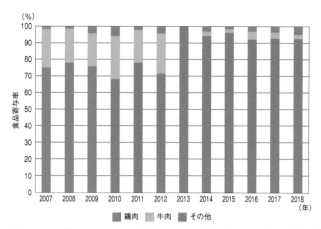

図2.5 カンピロバクター食中毒事件における原因食品の構成（食品寄与率）
文献4の解析結果より年別データを抽出して作成した.

表2.7 2015〜2020年に発生したサルモネラ食中毒事件数およびそれらのうち, 鶏肉が関連した事例の年別推移

年	事件数	原因が特定／推定された事件数	鶏肉が関連した事件数	原因食品として挙げられた鶏肉料理
2015	24	9	3	焼き鳥, ケバブ, 親子丼弁当
2016	32	6	0	−
2017	35	6	0	−
2018	18	3	0	−
2019	21	6	1	タンドリーチキン
2020	33	6	2	ゆで鶏胸肉, ささみときゅうりのサラダ

　一方, 鶏肉を原因食品とするサルモネラ食中毒事件は, カンピロバクター食中毒に比べると低い状況にある（表2.7）. これらのうち, 焼き鳥を原因食品として2015年に発生した食中毒では患者数69名, ゆで鶏胸肉を含む仕出し弁当の摂食により2020年に発生した食中毒では患者数66名と比較的多くの患者数となっており, ともに飲食店が原因施設となっている. なお, カンピロバクター食中毒とは異なり, 未加熱の鶏肉料理が原因食品として報告されたサルモネラ食中毒事例は見当たらない.

2.4.2　鳥刺し等の危険性

　都市部の飲食店等で提供される鳥刺し等の鶏肉の生食料理の多くは，加熱用鶏肉を仕入れ，生食用としてそのまま，あるいは表面を少し炙る等して，提供されている実態がある．そのため，加熱用の原料鶏肉を生食に転用した料理はカンピロバクターに汚染されている可能性が高いと考えるべきである．実際に，国内に流通する加熱用鶏肉 213 検体のうち，カンピロバクターは 94 検体（44.1%）より検出されたとする報告もある [2]．本菌は鶏肉中で増殖することは通常ないことが知られているが，一定時間生残してヒトに食中毒を引き起こしている実態を踏まえると，新鮮な鶏肉ほど，カンピロバクターは生残している可能性が高いと言え，飲食店事業者はもとより消費者も，「新鮮だから大丈夫」といった考え方を直ちにやめるべきである．厚生労働省は 2017 年 3 月 31 日付で，①加熱用鶏肉であることを認識しつつも，これを原料として用いて生食形態の鶏肉料理を調理・提供したことにより，カンピロバクター食中毒を繰り返し発生させた場合や，②広域的に事業を展開するフランチャイズチェーン店で，一括仕入れする鶏肉が加熱用であることを認識しつつも，生食形態の鶏肉料理を提供し，カンピロバクター食中毒を発生させた場合等に対しては，食中毒処理要領に基づき，検察当局への告発も辞さないとの考えを自治体に通知している．

　一方，南九州地方では，従前より鳥刺しが地域で好まれて食されているが，同地域でのカンピロバクター食中毒発生件数は他地域に比べて多い状況にはない．当該地域の自治体である鹿児島県は 2000 年に「生食用食鳥肉の衛生基準」を，宮崎県は 2007 年に「生食用食鳥肉の衛生対策」をそれぞれ成分規格目標や加工基準目標等を含めた形で策定し，同地域の関連事業者に衛生管理を徹底するよう指導している（鹿児島県は 2018 年に鶏内臓肉を生食用から除外）．当該地域に流通する鳥刺し製品 61 製品と加熱用鶏肉 46 検体におけるカンピロバクター汚染状況を定量的に調査した結果，鳥刺し製品の約 77% にあたる 47 検体はカンピロバクター陰性であり，検体 50 g 当たり 100 個以上の汚染を呈した検体は 3 検体（約 5%）に留まったが，加熱用鶏肉の約 30% にあたる 14 検体は 50 g 当たり 100 個を超える菌数の汚染を認めている [3]．

　同地域に流通する鳥刺しについては，①加熱用鶏肉では最も一般的で飼育期間の短い肉用若鳥ではなく，地鶏や採卵鶏の成鶏等を主な原料鶏としているほか，②脱羽前には十分な湯煎を行うこと，③冷却工程では一般的な処理場よりも高濃度の殺菌剤（次亜塩素酸ナトリウム等）を含む冷水に浸漬させること，④その後

図2.8　生食用に加工される，鶏とたい表面の焼烙（例）

は速やかにとたい（とさつ・脱羽後の鶏）表面をバーナー等で焼烙すること（図2.8）等の対策をとって製造加工されている状況が確認されている[4]．

　こうしたカンピロバクター汚染状況の違いを踏まえると，安全を確保した上で生食形態の鶏肉料理を提供・消費するためには，流通消費段階のみならず，より川上にあたる製造加工段階から生食用に特化した衛生管理を行った製品を仕入れ，提供することが現時点での応用可能な対策の1つと考えられる．ただし，仮にこのような生食専用の衛生対策を講じたとしても，微生物汚染の完全な排除には至らない可能性があるため，高齢者や幼児等がこうした生食形態の鶏肉料理を喫食することは避けるべきである．

2.4.3　衛生管理の動向

　農場で飼育された鶏を鶏肉へと処理する段階は，「食鳥処理場」と呼ばれる施設で行われる．食鳥処理場では，殺菌剤を用いた消毒は行われるものの，鶏肉という未加熱製品としての特性上，加熱等の微生物汚染を確実に低減・排除できる工程を含まない（図2.9）．

　食鳥処理工程で使用される殺菌剤としては，国内では次亜塩素酸ナトリウムが多用されるが，アメリカやオーストラリアでは亜塩素酸ナトリウムや過酢酸製剤がカンピロバクター汚染低減により効果的であるとする報告もある[5, 6]．こうした，より有効性が期待される殺菌剤の普及が進むことは，国内の鶏肉におけるカンピロバクター汚染低減につながると期待される．ただし，大規模な施設では多くの鶏が連続的に処理されるため，カンピロバクターを腸管内に保菌していたとたいから近隣のとたいへと微生物汚染が広がること（交叉汚染）があり[7]，殺菌

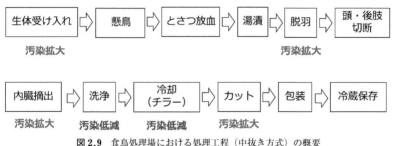

図 2.9 食鳥処理場における処理工程（中抜き方式）の概要

剤の適正使用に加え，処理工程全体で衛生管理を向上させることが必要である．

　食鳥処理場での衛生管理に関する動向としては，2018 年に「食品衛生法の一部を改正する法律」が公布され，2020 年 6 月には 1 年間の猶予期間を含みつつ，「HACCP に沿った衛生管理」が施行を迎えた．食鳥処理場については，特に注意を要するという観点から，コーデックス委員会が掲げる「HACCP に基づく衛生管理」の実施が求められている．さらに，厚生労働省は各自治体の食鳥検査員が食鳥処理場の衛生管理を検証することを求めており，その要求事項の 1 つとして，冷却後のとたいにおける微生物汚染状況を継続的にモニタリングすることが示された．鶏肉における危害要因として最たるものの 1 つであるカンピロバクターの汚染実態を把握するための試験が多くの施設で継続的にモニタリングされるようになることで，汚染低減に必要な課題を見出し，その解決に向けた対策を講じることが可能になるものと期待される．

2.4.4　家庭でできる安全対策

　国内では，一般的に包装された鶏部分肉を購入することが多く，丸鶏（鶏 1 羽）を購入し，家庭で調理に用いる機会は少ないと思われる．海外ではこうした丸鶏の調理にあたって，流水洗浄による水を介した周囲へのカンピロバクター飛散がリスクとして位置づけられており，鶏肉は洗わないことが第一段階の予防策と考えられる．このほか，冷蔵庫の中で保存する際は，必ずしっかりと包装をした状態で鶏肉を保存することや，ドリップには相応のカンピロバクターが含まれている場合も報告されており，周囲へドリップが漏出するおそれを想定して，冷蔵庫の上部に置かないようにすること，周囲に生のまま食べる野菜サラダや惣菜等を置かないこと等も保存にあたって注意すべき点として挙げられる．また，冷凍はカンピロバクターの汚染菌数を低減させる効果が確認されており，長期保存も可能

となることから，現実的な対策の1つとなるものとは考えられる．ただし，冷凍処理のみによって完全に汚染を排除できるわけではないことに注意が必要である．

　調理にあたっては，手指衛生は前提として，鶏肉を取り扱ったまな板や包丁はよく洗浄・熱湯消毒し，乾燥させた後に使用すること，生野菜等を同時に調理しないこと（基本的に生で食べるものは先行して調理し，包装した上で，冷蔵保存することが望ましい），そして何よりも家庭で鶏肉はよく加熱調理をすることが必要である．食品の加熱調理条件としては一般的に中心部が75℃で1分以上加熱することとされており，中心温度を測定して，同条件を満たす設定を決め，それ以降に同様の調理を行う際には，同じ設定で加熱調理をすることができれば最良と思われるが，これが難しい場合には，竹串等を鶏肉の中心部まで刺し，内部より出てくる肉汁が透明であることを確認することで内部まで加熱されていることを判断する目安となる．　　　　　　　　　　　　　　　　　　　　〔朝倉　宏〕

2.5　鶏　卵

　鶏卵（以下，卵）は，ヒトに必要な栄養素の中でも，特にたんぱく質が多い食品の1つである．文部科学省・日本食品標準成分表2020年版によると，卵内容（100 g）のうち，たんぱく質は水分（75.5 g）の次に多く12.2 g，その次が脂質（10.2 g）であり，ビタミンやミネラルもバランスよく含まれる[1]．卵料理と言えば，卵かけご飯，卵焼き，ゆで卵等，料理名に卵が付いたものが思い浮かぶが，他にも泡立性，乳化性，熱凝固性などを利用した様々な料理や加工食品がある．例えば，泡立性はスポンジケーキやマシュマロ，乳化性はマヨネーズ，熱凝固性はプリンや茶わん蒸し等で利用され，栄養源だけでなく，多様な食習慣を支えている．

　卵は物価の優等生とも言われ，飼料価格や賃金の上昇，高病原性鳥インフルエンザの発生等の影響を受けながらも，卸売価格や生産量も安定しており[2]，輸出量も増加傾向にある．日本には世界的にも珍しい卵の生食習慣があり，卵かけご飯，すき焼き，つくね串，牛丼といった和食のほか，カレー，ビビンバ等にも，生の卵が使われることがある．

2.5.1　卵を原因食品とした食中毒の発生状況，および主たる危害要因

　卵は食習慣を豊かにする半面，液卵を除き，製造加工工程には加熱殺菌処理が含まれないため，生食を行うためには総合的な衛生確保が不可欠である．卵に関わる食中毒として，国内ではサルモネラ属菌（▶危害要因コラム①参照）による食中毒が最も知られている．本食中毒事件数は1990年頃から急増し，1999年(825件)にピークを迎え，その後減少に転じ，2020年の事件数は33件であった（図2.10）．過去に急増した一因としては，採卵鶏におけるサルモネラ・エンテリティディスと呼ばれる血清型の世界的流行が推定されている[3]．同時期に発生したサルモネラ属菌による食中毒事件の多くは，卵およびその加工品が原因食品であった[4]．

　国内で，2017〜2021年の5年間に，卵を原因食品として発生した食中毒事件のうち，サルモネラ属菌以外の病因物質としては，2018年にとんかつの卵とじを原因食品として発生したウェルシュ菌による食中毒事件（患者109名），および2021年に卵グラタン（ミキサー食）を原因食品として発生した黄色ブドウ球菌による食

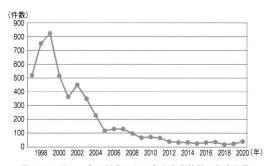

図2.10　サルモネラ属菌による食中毒事件数の年次推移

表2.8　サルモネラ属菌による集団食中毒事件（文献4より作成，抜粋）

発生年	都道府県	原因施設	原因食品（卵の状態）	患者数（死者数）
2002	愛媛県	公民館	ちらし寿司（錦糸卵）	56 (0)
2002	愛媛県	飲食店	昼食弁当（卵焼き）	294 (0)
2003	広島県	洋菓子店	洋生菓子（クリーム類）	386 (0)
2003	福井県	学校	ホットケーキ	20 (0)
2006	大阪府	製造施設	洋生菓子（ティラミス生地）	80 (0)
2008	大阪府	学校	カツ丼	136 (0)
2020	滋賀県	飲食店	台湾まぜそば（生の黄身）	19 (0)

中毒事件（患者 14 名，死者 0 名）の計 2 件のみであり，卵および同加工食品では
サルモネラ属菌が最も重要な危害要因であると結論づけられる．なお，主に卵調
理品を原因食品とする集団食中毒事件の一部では，多数の患者を数えた事件も認
められている（表 2.8）．このほか，サルモネラ属菌による食中毒が多発した当時
にとられた衛生対策の概要は厚生労働省ホームページに掲載されているので適宜
参照されたい[5]．

2.5.2　卵へのサルモネラ汚染経路

サルモネラ属菌の卵汚染は 2 つの経路により成立する．卵は鶏の体内で卵殻が
形成された後に総排泄腔から産出されるが，サルモネラ属菌が鶏に感染した場
合，体内での卵殻形成前に卵内に侵入し，卵内にサルモネラ属菌が内在した状態
で体外に産出されることがある（in egg 汚染）．もう 1 つの経路は，産卵時また
は産卵後に感染鶏の糞が卵殻に付着することによるものであり，on egg 汚染と
呼ばれる．鳥類は糞尿を卵と同じ総排泄腔から排泄するため，サルモネラ属菌を
保有する鳥類では on egg 汚染が生じる可能性が高いとされる．また，複数の鶏
が 1 つの飼育ケージ内で飼育されていたり（図 2.11），集卵時に汚染卵との接触
により未感染鶏の卵が on egg 汚染を受けることもある．さらに，on egg 汚染後
に卵殻に亀裂が入ったり，鶏卵温度と外気温の差によって卵表面に結露が発生し
たり，輸送中に雨水等に汚染されたりした場合にもサルモネラ属菌が卵内に侵入
するおそれがある．

殻付き卵におけるサルモネラ属菌の汚染状況調査成績としては，2,030 検体の

図 2.11　飼育ケージ内での多数羽飼育例

卵のうち，5検体（0.25％）の卵殻から本菌が検出されたとする報告[6]や，5,400検体の卵のうち，3検体（0.06％）からサルモネラ属菌が検出されたとする報告[7]等がある．これらの結果は，国内に流通する卵におけるサルモネラ属菌汚染の割合は低いものの，特に on egg 汚染を否定できる状況にはないことを示しているといえる．

2.5.3　生産段階における衛生対策

1990年代にサルモネラ属菌による卵汚染が高頻度に発生し，食中毒事件が多発した背景の1つには，本菌を保有したヒナが海外から輸入され，国内の養鶏場で広がったことが挙げられている．その対策として，わが国では1991年以降，海外からのサルモネラ保菌ヒナの侵入防止に努めるとともに，養鶏場への本菌侵入防止を目的とした農場に対する指針を出し[8]，飼養衛生管理の向上・推進を図っている．

2.5.4　卵選別包装施設（GP センター）における衛生対策

卵は GP センターと呼ばれる施設で洗浄・乾燥させた後に選別・包装される．厚生労働省は1998年に「卵選別包装施設の衛生管理要領」を作成し，同施設の衛生管理を強化した．例えば洗卵は流水式で行うこと（図2.12）等が含まれている．こうした要求事項，さらには後述の規格基準を含めた形で HACCP に沿った衛生管理のための手引書が作成され，運用が開始されている[9]．

図2.12　GP センターでの洗卵の例

2.5.5　流通・保管工程での衛生対策

1999年以降，食品の規格基準の改正とともに，表示基準が改正された．改正内容の骨子としては，賞味期限等の一般的な食品の表示に加え，生食用に殻付き卵を流通させる場合には，「鶏の殻付き卵（生食用）」と表示すること，10℃以下の保存が望ましい旨を表示すること，賞味期限経過後は飲食の際に加熱殺菌を要する旨を表示すること等が挙げられる．また，生食用以外の殻付き卵については，加熱加工用である旨，並びに飲食の際には加熱殺菌を要する旨を表示することが求められている．

なお，関連団体では「鶏卵の日付等表示マニュアル」を作成し，卵内でのサルモネラ属菌の増殖挙動を踏まえた賞味期限設定に資する情報を公開している．現行の同マニュアルでは，25℃以下で保存する場合，産卵日から21日以内を上限に賞味期限を設定すべきとしている[10]．

2.5.6　液卵に対する衛生対策

大量調理施設や大規模な飲食店等では，液卵（殻を除いた卵内容のみのもの）を原料として加工品や料理が作られる場合も多い．液卵は殺菌処理がなされた液卵（殺菌液卵）および殺菌処理されていない液卵（未殺菌液卵）に大別され，前者はサルモネラ属菌が検体25gにつき陰性，後者は細菌数が検体1gにつき1,000,000以下でなければならないとする成分規格を定めている[11]．また，製造基準も詳細に定められ，例えば殺菌液卵は，搬入後24時間以内の加熱殺菌が原則求められること，製造に使用する汚卵は洗浄するとともに150 ppm以上の次亜塩素酸ナトリウム溶液等により殺菌すること，塩や糖を加える場合には，その割合に応じて加熱殺菌条件が異なること等が定められている．このほか，保存基準として液卵は8℃以下で保存しなければならないとされている．これらの遵守は法的に求められるものであり，違反があった事業者は処罰の対象となる形で管理されている．

2.5.7　家庭での衛生対策

厚生労働省は「卵の衛生的な取扱いについて」を出し，消費者に対する普及啓発を図っている[12]．各過程での主な要点を以下に紹介する．

①購入：卵はきれいで，ひび割れのない，新鮮なものを購入すること．また，産卵日や包装日，期限表示がなされている卵は日付を確認して購入すること．生

食用に購入する場合は生食用表示があるものを選定すること.

②保存：購入後は速やかに持ち帰り，10℃以下を維持する冷蔵庫に収納することや，期限表示のある卵は期限内に消費すること等が挙げられる．このほか，卵表面にサルモネラ属菌がついている可能性を想定し，卵が調理済食品等に触れることがないよう清潔に区分収納することも交叉汚染を防止する上で重要な対策と考えられる．

③下準備・調理：卵や卵の中身を入れたボウル等の容器・器具は使用後にはよく洗浄すること，そして洗浄後には熱湯をかける等するとなお良い．加えて，卵は使用する分だけを冷蔵庫から取り出し，使用する直前に割って，すぐに調理に使うことで，サルモネラ属菌の増殖を制御するための対策として有効な手立てとなる．調理にあたって，例えばゆで卵は沸騰水で5分間以上加熱調理することが望ましいとされるほか，自家製マヨネーズは材料の卵を加熱しないで用いることが多いため，ひび割れ卵は用いず，作った後もすぐに使い切るべきであろう．

④食事：卵を生食する際には，殻が割れた卵やひび割れ卵は使用せず，表示の期限内であることを確認し，食べる直前に殻を割るべきである．実際に，飲食店が殻付き卵を加熱殺菌せずに利用者に提供する場合には期限を経過していない生食用の正常卵を使用しなければならないことが使用基準として定められている[11].

　また，調理～食事の過程では，温かく食べる料理は常に温かく，冷やして食べる料理は，常に冷たくしておくことが重要であり，前者は65℃以上，後者は10℃以下が温度の目安とされる．さらに，十分に加熱しない卵料理は調理が始まってから2時間以内に食べるべきであり，加熱調理を行った卵料理についても早く消費することが望ましい．なお，高齢者や2歳以下の乳幼児，妊娠中の女性，免疫機能が低下している人等に対しては生卵の提供は避け，できる限り十分加熱した卵料理を提供すべきとされている．

　以上，本節では卵に関連する主な危害要因としてサルモネラ属菌を挙げ，総合的な衛生対策を通じて当該菌による卵の汚染率や食中毒事件数は現在では多くはない状況となっていることを示した．ただし，卵の汚染リスクは完全に否定できる状況にはないため，特に生食を含めて考えると，家庭でも衛生対策を確実に行う必要性があることを提示した．
〔佐々木貴正〕

2.6　馬　肉

　牛肉や豚肉とは異なり，馬肉には馬刺しという生食の食文化がある．そのルーツを辿ると，古くは戦国武将として名を轟かせた肥後の大名加藤清正が，朝鮮出兵の際に兵糧難のため軍馬を食したのが熊本馬刺しの始まり，という話があり，また会津の馬刺しは昭和のプロレスラー力道山が，興業の折に"馬肉を生で食べる"という，当時としては驚きの離れワザを見せたことから始まったというエピソードが残っている．新鮮な肉なら刺身で味わう，というのは日本ならではの発想なのであろうか．日本以外に馬肉を食べる習慣は，フランスなどヨーロッパ諸国をはじめいくつかの国にあるようだが，生で馬肉を食すのは日本独特の食スタイルと言ってよさそうである．馬肉は動物としてのウマの特性から，代表的な食中毒菌の腸管出血性大腸菌やカンピロバクターの汚染リスクが低いとされ，かつ生食用馬肉については衛生基準が定められ（平成10年9月11日，生衛発第1358号），加工，調理の段階で厳格な食中毒防止が図られている．ゆえに馬肉は生で食べても問題はない，安心して馬刺しを楽しめるという食文化が定着したものと思われる．

　一般的にいわれる食中毒予防の3原則のうち，生食用馬肉については「付けない」と「増やさない」を厳守することで，その安全性が担保されてきた．ところが，2000年頃を境にその安全性は大きな問題に巻き込まれることになる．それまでの安全対策をすり抜けて食中毒を起こすものが突如として現れたのである．この新たな食中毒の原因は，それまでウマにもヒトにも無害と考えられてきた寄生虫，住肉胞子虫サルコシスティスの1種，フェイヤー肉胞子虫（*Sarcocystis fayeri*）と判明する．行政的にもなぜ，突如として食中毒の原因になったのか，その究明が急がれる一方，当時，またヒラメ生食でも粘液胞子虫という寄生虫の1種，クドアによる新たな食中毒問題が発生し，これらの問題に直面した食品衛生行政は生食用生鮮食品の衛生管理に関し大きな見直しを迫られることとなった．現在，サルコシスティスによる健康問題はウマ以外の家畜ではみられていないが，シカ肉など野生獣肉（ジビエ）に広がっている．生食のみならず加熱調理に際しても注意を要する状況にある．なお本節は馬肉に限定した内容として，ジビエに関しては2.7節を参照していただきたい．

2.6.1　馬肉（馬刺し）を原因とする食中毒とその発生状況

　前述のように馬肉は食中毒とは縁遠い食肉として認識されてきたが，2000年頃より馬刺しを食べて数時間後に一過性の下痢，腹痛などの消化器症状がでるという健康被害が主に熊本県で報告され始め，その問題は次第に全国的に拡大した[1]．当初よりサルコシスティスが疑われていたが，病因物質不明のため有症事例として扱われた．そのため，正確な統計は得られていないが，全国的な調査集計によると2009年8月〜2011年6月で37件の発生があった．その後の研究で，寄生虫である *S.fayeri* の関与が明らかとなり，実験的にその下痢原性（毒素性）が証明され，この毒性は冷凍処理で消失することが確認された[2]．これらの結果から2011年に馬肉中の *S.fayeri* が食中毒病因物質として分類通知されることとなり，同時に馬肉の冷凍処理が有効な食中毒防止対策として通知された（平成23年6月17日，食安発0617第3号）．以後馬肉中の *S.fayeri* が関与する事例を食中毒として厚生労働省食中毒統計に記録されることとなるが，同食中毒の発生状況は2012年，2013年，そして2018年に各1件届出があり，通知発出後届出は大幅に減少した．死亡例はこれまで報告はなく，入院例もまれである．原因食品として輸入馬肉(生体としてカナダから輸入後，熊本等生産地で肥育した馬肉)が多いことが特筆された．

2.6.2　馬肉の *S.fayeri* と微生物学的リスク管理の難しさ

　食中毒の原因となる *S.fayeri* は顕微鏡的な大きさで，馬肉中にはサルコシスト（図2.13a）の状態でみつかる．その大きさは長くて1cm程度で細長く，筋肉の白い筋や脂肪組織と外観が似るため，肉眼的には区別がつかない．サルコシ

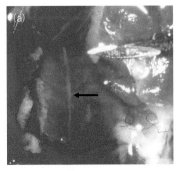
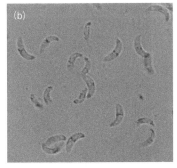

図2.13　(a) 馬肉中の *S.fayeri* のサルコシスト（矢印），(b) その中のブラディゾイト

スト1つ1つの中には子虫であるブラディゾイトが10万～100万個詰められている（図2.13b）.

　鳥類に寄生する種類には，このサルコシストが米粒大に生育し肉眼でもわかる場合があるが，*S. fayeri* の場合は多量に存在したとしても目視不能である．したがって，と畜場での生産加工工程で *S. fayeri* 汚染馬肉を選択除去することは現状では無理である．細菌のように新たに付着や増殖することは，寄生虫なのでその点は問題ない．しかしながら筋肉の中にいるものの量を外側からコントロールする方法，またその量を測るルーチンな検査法がないため，一般的な衛生管理では対応が難しいのである．*S. fayeri* の検査法が厚生労働省から通知はされてはいるが（平成28年4月27日，生食監発0427第4号），これは食中毒事例での残品等の精査を目的とするもので，今後生産段階でのリスク管理を考えるならば，それに適した検査法の開発が必要であろう．食中毒での喫食調査ではわずか馬肉数切れで発症するといわれる．相当量の寄生虫汚染が想定される馬肉も市場に出てしまうリスクをどうするか．馬刺しの *S. fayeri* 食中毒に関しては，一般的な微生物学的リスク管理が難しく，寄生虫汚染があることを前提に冷凍処理で対応せざるを得ない状況に置かれている．

2.6.3　馬肉の *S. fayeri* 寄生の実態

　国内の馬肉からの *S. fayeri* の検出報告等を見ると，検出率はサラブレッドなどの軽種馬よりも食肉用途の重種馬の方が高い[3]．筆者が遺伝子解析法を用いて馬肉中の *S. fayeri* を定量的に調べたところ，食中毒事例に関連する馬肉（食中毒検体）に対し，国産の軽種馬と重種馬の *S. fayeri* 量は低く（ほとんどの場合1/10以下），食中毒検体レベルのウマの割合も低かった．一方，食中毒との関連性が高い輸入重種馬では，食中毒検体レベルの *S. fayeri* 量，またそのようなウマの割合も高いという結果を得た（表2.9）.

　実態調査からは輸入重種馬が食中毒ハイリスク要因となる可能性が指摘される．対して国産馬が低い *S. fayeri* 汚染レベルにある現状をどう維持するかが，

表2.9　国産馬および輸入馬（カナダ）の *S. fayeri* 汚染の割合

	国産軽種馬	国産重種馬	輸入重種馬
調査頭数	41	300	9
食中毒レベルの *S. fayeri* 汚染馬の割合(%)	2.4	1.0	77.8

リスク管理として肥育環境含め生産現場での重要課題となるものと考えられる.

2.6.4 *S. fayeri* 食中毒はなぜ起こったか？

　食のスタイルや調理法，食材などの点でそれまでにはなかった新たな状況の変化が，新たな食中毒を生む原因となることはよく知られるところである．*S. fayeri* 食中毒の場合についてもこの考え方があてはまると思われ，関連する要因を挙げてみる．①まず通常の馬肉にはみられない多量の *S. fayeri* が生きて摂取される状況が生じたこと，②その汚染食材は新たに利用されるようになった輸入馬の肉であったこと，③健康被害が出始めた 2000 年頃から，原因食材と関連するカナダからの肥育用生体馬の輸入が増加したこと（図 2.14），④馬刺しの好みが赤身（軽種馬）に加え，牛肉のようにサシの入った重種馬の肉も求められるようになるという馬刺しの消費志向に変化があったこと，などがある．

　おそらくこれまでの馬刺しの歴史の中でも *S. fayeri* の摂取，暴露はあったであろう．が，それは今回の調査結果からみても量的には少なく発症に至る頻度もまれで，食中毒としては感知されなかったのではないかと推察する．美味しくてヘルシーな馬刺し需要の高まりの中で，潜在していた食中毒のリスクもまた同時に高まり，やがてその安全レベルを超えるに至った．新たに発生した馬刺し食中毒は，これらの様々な要因が重なった結果生じたものと理解される．

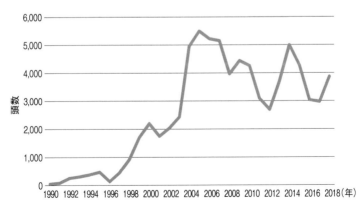

図 2.14　食用目的の生体馬輸入量（カナダ）
農林水産省生産局畜産部畜産振興課資料“馬関係資料”より作成[4].

2.6.5　*S. fayeri* 食中毒防止対策

　繰り返しになるが馬肉の場合，トリミング等の衛生管理手法では筋肉中に寄生する *S. fayeri* を除去することはできない．生食利用を目的とするならば筋肉中の *S. fayeri* を殺す（毒性を失活させる）必要がある．現在，それに最も有効な方法は馬肉の冷凍処理（中心温度−20℃で48時間以上）である．

　馬刺しは今や輸入の時代にある（図2.15）．国産馬肉も合わせ，加工・流通段階での徹底した冷凍処理が実行されていることで，現在は安全な馬刺しを供給・利用することが可能となっている．その努力は馬刺し食中毒をほぼ完全に抑え込んでいる現状に反映されていると言ってよい．

　現在は通販でも手軽に安い，輸入馬刺し（アルゼンチン，メキシコ，中国産等）を入手できるようだが，それらの中にも食中毒レベルの *S. faiyeri* が検出される場合がある．国産，輸入問わず馬刺しが適切に冷凍処理されていることを確認すること，それが消費者サイドの食中毒リスク管理の要点である．

　最後に生食を目的としない馬肉を利用する際の食中毒対策だが，例えば冷蔵した馬肉を使ってステーキなどの加熱調理をする場合，一般的注意ではあるが不十分な加熱という点に気を付ける必要がある．表面は焼けていても赤みが残るような生焼けは，中心部に生きた寄生虫が残存する可能性があり危ない．なお，シカ肉では生焼け調理が本食中毒に結びつく事例も近年報告されている[5]．

〔八木田健司〕

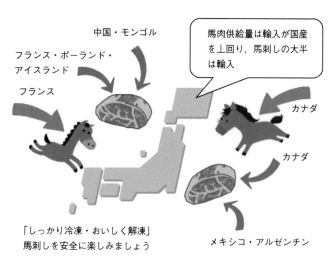

中国・モンゴル

フランス・ポーランド・アイスランド

フランス

馬肉供給量は輸入が国産を上回り，馬刺しの大半は輸入

カナダ

カナダ

「しっかり冷凍・おいしく解凍」馬刺しを安全に楽しみましょう

メキシコ・アルゼンチン

図 2.15　馬刺しは輸入の時代に

2.7 ジビエ

わが国には約550種の鳥類，約80種の獣類が自然界に棲息し，「鳥獣の保護及び管理並びに狩猟の適正化に関する法律（鳥獣保護管理法）」では鳥類28種・獣類20種の48種類を狩猟対象鳥獣に定めている[1]．食用となる狩猟鳥獣肉をフランス語でジビエ（gibier），英語では狩猟動物（game animal）の肉：ゲームミート（game meat）と呼ぶ．わが国においてジビエとなる主な狩猟対象鳥獣は，表2.10の通りである[2]．

住民の安全確保の観点から農林業作業実施時期や山野での見通しのきく落葉期等を勘案し狩猟期間が設定され，それ以外の期間は農林水産業被害防止のための都道府県知事許可の下での有害捕獲となる．近年，指定管理鳥獣であるニホンジカとイノシシの年間捕獲頭数は激増し，鳥獣被害防止特措法が施行された2008年以降，狩猟を超えた個体数が有害捕獲されている（表2.11）[1,3]．

表2.10 わが国のジビエとなる主な狩猟対象鳥獣と狩猟期間 [2]

分類		種名	狩猟期間（鳥獣共通）	備考
鳥類	きじ科	キジ，ヤマドリ		雌は狩猟対象外
	かも科	マガモ，コガモ	北海道以外	
	はと科	キジバト	11月15日〜2月15日	
	しぎ科	ヤマシギ，タシギ	北海道以外の猟区内	
	すずめ科	スズメ	10月15日〜3月15日	
獣類	いたち科	アナグマ	北海道	
	くま科	ツキノワグマ，ヒグマ	10月1日〜1月31日	
	いのしし科	イノシシ	北海道の猟区内	指定管理鳥獣
	しか科	ニホンジカ，エゾシカ	9月15日〜2月末日	指定管理鳥獣
	うさぎ科	ノウサギ		

表2.11 イノシシとニホンジカの捕獲・狩猟頭数の推移（1980年を1とした比率） [3]

年度	1980	1985	1990	1995	2000	2005	2010	2015	2020
イノシシ	8.2	6.0	7.0	8.8	14.8	21.0	47.7	55.4	67.9
増加率	1	0.7	0.9	1.1	1.8	2.6	5.8	6.8	8.3
ニホンジカ	2.0	2.6	4.2	8.2	13.7	19.0	36.3	59.3	67.5
増加率	1	1.3	2.1	4.1	6.9	9.5	18倍	30倍	34倍

2.7.1　ジビエに関わる危害要因分析と食中毒発生状況

a.　危害要因分析

　野生動物は，飼養管理された家畜・家禽とは異なり，様々な病原微生物・寄生虫・衛生動物の感染・保有が推測される[4-8]．表2.12 に狩猟動物が原因となる食中毒・感染症の主な生物学的危害要因を挙げたが，加熱殺菌されていない，これらジビエの肉・肝臓・血液等の生食は奇食の類の危険行為である[9,10]．

表2.12　ジビエに関わる生物的危害要因分析[4-8]

危害要因	菌種	汚染源・感染源
病原細菌	志賀毒素産生性大腸菌（STEC）	シカ・イノシシ（肉・糞便など）
	病原大腸菌	シカ・イノシシ（肉・糞便など）
	サルモネラ属菌	シカ・イノシシ（肉・糞便など）
	カンピロバクター・ジェジュニなど	シカ・イノシシ（肉・糞便など）
	黄色ブドウ球菌	シカ・イノシシ（体表・糞便など）
	エルシニア・エンテロコリチカ	イノシシ，シカ（糞便など）
	リステリア・モノサイトゲネス	イノシシ（糞便など）
	ブルセラ属菌	シカ・イノシシ（肉など）
	野兎病菌	ノウサギ（肉など）
	レプトスピラ，ライム，ボレリア	シカ，イノシシ（肉など）
	牛型結核菌	シカ（肉など）
	Q熱，日本紅斑熱	シカ（肉など）
病原ウイルス	E型肝炎ウイルス	イノシシ，シカ（肉・血液など）
	重症熱性血小板減少症候群（SFTS）	野生動物に付着したダニ
	ダニ熱	野生動物に付着したダニ
プリオン	慢性消耗性疾患（CWD）	シカ（肉など）
寄生虫	トキソプラズマ	イノシシ，シカ，クマ（肉など）
	クリプトスポリジウム	エゾシカ（糞便）
	旋毛虫（トリヒナ）	クマ，イノシシ（肉など）
	住肉胞子虫	シカ，イノシシ（肉など）
	肺吸虫	イノシシ（肉など）
	マンソン裂頭条虫	イノシシ（肉など）
	肝蛭	シカ，エゾシカ（肉など）
腐敗微生物	バシラス属，クロストリジウム属	処理・保管施設の環境
	シュードモナス，乳酸菌群，酵母	処理・保管施設の環境，食肉，糞便など

b.　食中毒発生状況

　ジビエの生食は新鮮かどうかにかかわらず食中毒発生の危険行為である．クマ肉による旋毛虫症（トリヒナ），イノシシ肉によるマンソン孤虫症等は以前から狩猟者とその関係者間での発生が報告されていたが[5]，近年の捕獲数増加によりジビエを一般の人が口にする機会が増え，E型肝炎など様々な病原体による食中毒が発生しており，更なる注意喚起が必要である[11]．表2.13にその概要を示す．

表2.13　わが国で発生した野生鳥獣肉を原因とした食中毒事例 [4-6, 11]

病原体	報告年	発生場所	原因（下線は生食）	喫食者（人）	患者（人）	死者（人）
腸管出血性大腸菌	1997	山形県	エゾシカ肉の刺身	11	4	0
	2001	福岡県	シカ肉の刺身（大分県）	4	2	0
	2009	茨城県	シカ肉の刺身	11	1	0
サルモネラ	1987	長崎県	シカ肉の刺身	32	28	0
	2000	大分県	シカ肉の琉球	14	9	0
野兎病	2008	千葉県	野ウサギの解体処理	–	1	0
E型肝炎	2003	兵庫県	シカ肉の刺身	7	4	0
	2003	鳥取県	イノシシ肝臓の刺身	2	2	1
	2003	長崎県	イノシシ焼き肉	12	5	0
	2005	福岡県	イノシシ肉	11	1	0
	2005/6	愛知県	イノシシ肉	4	4	0
	2010	静岡県	イノシシ肝臓の刺身	2	2	0
	2010	静岡県	シカ肉の刺身	1	1	0
	2010	愛媛県	イノシシ肉の刺身	1	1	0
旋毛虫症（トリヒナ）	1974	青森県	ツキノワグマ肉の刺身	30	15	0
	1979	北海道	エゾヒグマ肉の刺身	94	12	0
	1981	三重県	ツキノワグマ肉の刺身	413	172	0
	2016	茨城県	クマ肉のロースト	31	21	0
	2018	北海道	クマ肉（推定）	3	3	0
	2019	北海道	クマ肉のロースト	8	6	0
住肉胞子虫	2015	滋賀県	シカ肉のあぶり	17	10	0
	2017	茨城県	シカ肉ユッケ（岩手県）	1	1	0
	2018	和歌山	シカ肉・肝臓の刺身	3	3	0
マンソン孤虫症	1976	大阪府	イノシシの刺身	1	1	0
	1988	兵庫県	イノシシの刺身	1	1	0

表 2.14　E 型肝炎発生数と推定感染原因 [12)]

診断年	2012	2013	2014	2015	2016	2012-2016
男性 / 患者	88/102	96/110	120/141	159/181	98/118	561/652
死亡	1	1	1	0	0	3
推定感染原因						
ブタ	15	22	27	34	23	121
肝臓喫食	10	8	11	20	12	61
生食	7	5	6	7	4	29
イノシシ	7	8	8	6	5	34
シカ	3	4	10	6	9	32
その他	15	19	20	43	15	112
不明	72	65	85	110	79	411

　最近の E 型肝炎発生数を表 2.14 に示した [12)]．感染原因はブタ，イノシシ，シカであり，この背景には 2012 年 7 月と 2015 年 6 月に相次いだ食品衛生法改正によるウシとブタの肝臓（レバー）の生食用の販売・提供禁止が影響したとも思われている．性別は男性が 8 割を占めた．

2.7.2　微生物汚染実態

a.　処理過程での微生物汚染経路

　狩猟動物は「と畜場法」の対象家畜外で，と殺・解体の際に獣医師による病気の有無などの検査が義務付けられておらず，食品衛生上リスクが高い食品といえる．このギャップを埋めるため厚生労働省では，狩猟から消費に至るまでの各工程におけるジビエの安全性確保のための「野生鳥獣肉の衛生管理に関する指針（ガイドライン）改訂 2021 年 4 月」を作成した [10)]．狩猟者・加工処理者は「ガイドライン」と「食品衛生法」を踏まえて適切な衛生管理の下（HACCP に基づき）で野生鳥獣肉の処理工程を実施しなければならない [10)]．

　各処理過程での微生物汚染経路と状況については，厚生労働科学研究「野生鳥獣肉の安全性確保に関する報告書（平成 25 年度）」，「野生鳥獣由来食肉の安全性の確保とリスク管理のための研究（令和 2 年度）」報告書を参照されたい．

b.　野生イノシシとシカからの食中毒病原体の分離頻度

　わが国の野生イノシシおよびシカにおける食中毒病原体の保有状況については，近年，捕獲頭数の増加に伴い報告数も多くなった．血清中抗体価測定，食肉

および糞便からの菌分離・虫体検出などの方法によってE型肝炎ウイルス，腸管出血性大腸菌，サルモネラ，エルシニア，カンピロバクター，リステリア，豚丹毒，トキソプラズマ，住肉胞子虫，旋毛虫，顎口虫，ウェステルマン肺吸虫，および肝蛭の保有状況が明らかとなっている[13].

2.7.3 利活用に向けての安全対策等

自然の恵みであるジビエを楽しむためには食の安全に関する知識と技術が重要である．ジビエは中心部（75℃ 1分以上または同等以上）まで火が通るようしっかり加熱し，調理で接触した器具の消毒（83℃ 以上の温湯または 200 ppm 以上の次亜塩素酸ナトリウム等）・取扱い（交叉汚染・二次汚染）には十分な注意が必要である[10].

a. ジビエ認証制度

農林水産省は 2018 年に国産ジビエの利用拡大に当たってジビエが消費者から信頼される食品として流通するように「国産ジビエ認証制度」を立ち上げた[14].
食肉処理施設における自主的な衛生管理の推進とガイドラインに基づいた衛生管理基準の遵守，カットチャートによる流通規格の遵守，適切なラベル表示によるトレーサビリティの確保等を適切に行う食肉処理施設を認証することにより安全なジビエの提供と消費者のジビエに対する安心の確保を図ることを目的とし，現在，認証施設は全国に 31 箇所となった[14].　　　　　　　　　　〔髙井伸二〕

危害要因コラム

① サルモネラ

【性質】サルモネラ（サルモネラ属菌，*Salmonella* spp.）は国内外を問わず食中毒の主要な起因菌の１つである．サルモネラは腸内細菌科に属するグラム陰性の通性嫌気性桿菌である．変異株およびごく一部の血清型の菌を除いて鞭毛を持ち運動性を有する．

　サルモネラは２菌種６亜種からなる．菌種は *S. enterica* と *S. bongori* がある．*S. enterica* には亜種があり，それぞれ *enterica*（亜種Ⅰもしくは生物型Ⅰと呼ばれる），*salamae*（Ⅱ），*arizonae*（Ⅲa），*diarizonae*（Ⅲb），*houtenae*（Ⅳ），*indica*（Ⅵ）である．なお，*S. bongori* はかつて亜種Ⅴと呼ばれていたが，現在は独立した種に分類されている．最近では，これらの亜種以外にも３種類の亜種の存在が示唆されている．ヒトから分離されるサルモネラのほとんどが亜種Ⅰであり，それ以外の亜種は変温動物，環境等から分離されることが多い．

　サルモネラは種，亜種とは別に血清型により分けられる．血清型は主に菌体表面のリポ多糖からなるO抗原，鞭毛からなるH抗原（サルモネラでは２種類ある）により決定される．血清型は2,500種以上存在し，血清型もしくはO抗原のみによるO群別がしばしば使われる．例えば亜種Ⅰでは1,600近くの血清型がある．抗原は「亜種O：H1：H2」の形で記載する（例，Ⅰ 4：i：1,2）．亜種Ⅰでは各々に固有名詞が付与されており，上記例は血清型 Typhimurium となる．正式な表記は *Salmonella enterica* subsp. *enterica* serovar（もしくは serotype）Typhimurium であるが，通常は *S.* Typhimurium 等と略記される．

　サルモネラ亜種Ⅰの生化学性状で概ね共通しているのは，インドール陰性，VP（Voges-Proskauer）反応陰性，ウレアーゼ陰性，フェニルアラニンデアミナーゼ陰性，白糖陰性（酸産生性），アドニット陰性，β-ガラクトシダーゼ（ONPG）陰性，DNase陰性，リパーゼ陰性，硫化水素陽性，クエン酸陽性，リジンデカルボキシラーゼ陽性，オルニチンデカルボキシラーゼ陽性である．

【感染源】感染様式は主に経口感染である．サルモネラによって汚染された食品，水を介して感染する．爬虫類等の保菌動物と直接接触することによって感染することも少なくない．サルモネラによる食中毒の発生は，1999年の事件数825件，患者数11,888名から大きく減少している．それでも2011〜2020年にかけて，事件数にして340件，

患者数で 10,924 名の食中毒が発生している．また，2011 年には 3 名の死者が報告されている．約 1/4 で原因食品の記載があり，多いものはオムライス，親子丼といった鶏卵，鶏肉を使用したもので，約半数を占める．次いで多いのが和え物，サラダ等の野菜を使用したもの，鶏肉以外の肉，ウナギ等の水産物である．海外では卵や食肉のほか，果物，野菜，ペットフード等も原因となっている．

【主な症状】病態としては大きく分けてチフス性，非チフス性の 2 種類がある．「サルモネラ」というと非チフス性のものを指すことが多い．非チフス性の場合，潜伏期間は概ね 6～72 時間程度であるが，摂取菌量や感染者の状況によって変わることがある．下痢，発熱，腹痛等を伴う急性胃腸炎の症状を呈する．

【食品衛生法の規格基準】わが国のサルモネラに対する食品の規格基準としては，「食品，添加物等の規格基準」(1959 年厚生省告示第 370 号) の食肉製品のうち，非加熱食肉製品，特定加熱食肉製品および加熱食肉製品（加熱殺菌した後包装に入れたもの），並びに食鳥卵（鶏の液卵を殺菌したもの）がある（「食品衛生法施行規則および食品，添加物用の規格基準の一部改正について」1993 年 3 月 17 日衛乳第 54 号および 1998 年 11 月 25 日生衛発第 1674 号）．これらの試験法は国際整合性を図る観点から 2015 年に改正された（2015 年 7 月 29 日食安発 0729 号第 4 号）．

【予防法】2000 年までのサルモネラ食中毒の主な原因は血清型 Enteritidis に汚染された鶏卵にあった．殺菌液卵の規格基準，卵の取り扱いについての施策によって Enteritidis による食中毒は大きく減少した．サルモネラは亜種，血清型によって広範な宿主を持ち，家畜や家禽といった食用動物，野生動物，並びに爬虫類等の変温動物がリザーバーとなる．こうした保菌動物が関連する食品や環境が汚染されることは避けられず，汚染しやすい食品等のリスクを下げることが求められる．サルモネラは比較的乾燥に強いことが知られており，汚染食品から調理作業環境や他の食品への二次汚染にも注意する必要がある．サルモネラ対策としては食中毒予防の 3 原則「付けない，増やさない，やっつける」を守ることが重要である．生食では食材の取り扱い，保存に加え，準備から食事までの時間を短くするなどの注意が特に重要である．　〔泉谷秀昌〕

②　カンピロバクター

　カンピロバクター（*Campylobacter*）の語源はギリシャ語の campylo（わん曲した）と bacter（こん棒）に由来する．2021 年 7 月時点で *Campylobacter* 属には 34 菌種が登録されている．このうち，ヒトの食中毒と関連する細菌は *Campylobacter jejuni* と *Campylobacter coli* の 2 菌種（以後，本菌）であり，わが国では 1982 年に食中毒の病因物質として指定されている．本菌は，上述の語源の通り，わん曲した"らせん状"の形態をとる（図 1）．

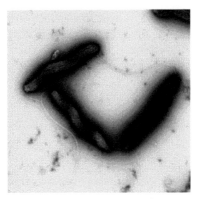

図1　カンピロバクターの電子顕微鏡画像

　本菌は500〜800個程度と比較的少ない菌数でヒトに感染を成立させる．ヒトに感染した場合，一般に2〜7日間の潜伏期（病原体がヒト体内に侵入してから発症するまでの時間）を経て，発熱，腹痛，下痢，血便を伴う腸炎症状等を呈する．予後は一般に良好で，2〜5日で回復することが多い．ただし，まれにギラン・バレー症候群（下肢筋力低下による歩行困難，顔面神経麻痺，重症例では呼吸麻痺が進行し死に至ることもある末梢神経疾患）の先行感染症となることも報告されている．

　本菌は家畜や家禽をはじめとする温血動物の腸管内に広く分布し，主として食肉の解体処理や加工を通じて，食肉・食鳥肉等を汚染する．特に国内に流通する鶏肉については約21〜67%が本菌汚染を呈したとする報告もある．厚生労働省・食中毒統計によると，カンピロバクター食中毒事件のうち，原因食品が特定または推定された事件の多くは加熱不十分または未加熱状態の鶏肉料理となっている．なお，原因施設は飲食店が多くを占めている．

　本菌は増殖に微好気環境（一般に酸素濃度が5%程度）を要するため，食品中では増殖しない．よって，食中毒予防の3原則のうち，“増やさない”の対象外となる．一方で，本菌は冷蔵温度下であっても食品中に生残し続けることがあり，本菌を完全に死滅させるためには，調理にあたっては食品の中心部が75℃以上で1分以上保持されるよう，十分な加熱を行うことが飲食店のみならず，家庭においても調理にあたって最も重要な対策の1つとなる（その他の対策については，2.4節を参照のこと）．

　また，国内では少数ではあるが，井戸水や野菜サラダ等を原因食品とする食中毒も発生しており，近年では2019年に長野県の旅館で水を介した患者数41名の集団食中毒事例が報告されている．また，未加熱の生乳の飲用による食中毒事例も2018年に北海道で報告されている．ただし，未加熱の生乳については提供することが法令上，原則禁止となっており，二次被害が発生するおそれは小さいと考えられる．

　本菌のヒトへの感染経路としては，上述の鶏肉等の食肉の喫食を介した割合が総じて高く，次いで水等の環境を介した感染がある．このほか，鶏と同じく鳥類に属する野鳥についても本菌を一定割合で保有しているが，野鳥が保有するカンピロバクターの遺伝学的性質はヒト食中毒に係わるものとは異なる場合が多くみられており，野鳥が直接的なヒト健康被害の要因となっている割合は総じて低いと考えられる．

　なお，本菌が食品や環境中で生残するメカニズムについては，依然として研究段階ではあるが，本菌は大気環境中でバイオフィルムを形成しやすく，また10℃以下の低温環境下にしばしば生息する *Pseudomonas* 属菌等がカンピロバクターのバイオフィルム形成を助長するといった報告もある．

　鶏や牛等の家畜・家禽は，農場で飼育されている段階で相応の割合で本菌を保有している．また，生産段階の家畜・家禽の内臓，特に肝臓や胆汁中にも本菌は高率に生存・分布を果たす．本菌の農場への侵入経路は普遍的なものではなく，地理的環境や人為的な影響等を受けやすく，多様的と目されている．また，本菌が農場に侵入した後は速やかに動物間伝播を果たす特徴があるほか，ワクチン開発も研究段階であり，実用化には至っていない．こうした状況を踏まえ，本菌の食品汚染を制御していくためには，生産から消費にわたるフードチェーン全体で，総合的な対策を講じていくことが必要となっている．　　　　　　　　　　　　　　　　　　　　　　　　　　　　　　〔朝倉　宏〕

③　腸管出血性大腸菌　

　大腸菌（*Escherichia coli*）は，ヒトを含む，温血動物（鳥類，哺乳類）の消化管内に広く生息する腸内細菌科の細菌である．このうち，ヒトに下痢等を引き起こす大腸菌は病原大腸菌または下痢原性大腸菌と総称される．腸管出血性大腸菌は病原大腸菌の1つで，①志賀毒素（またはベロ毒素）と呼ばれる細胞を傷害する毒素と，②インチミンと呼ばれる細胞付着因子を持つことで特徴づけられる．

　大腸菌には病原性のないものから，様々異なる症状を引き起こす病原大腸菌まで実に多種多様であるため，大腸菌の検査時には菌の"特徴付け"が重要な意義を持つ．その方法の1つに，"血清型別"が挙げられる．大腸菌の場合は菌体抗原（O抗原，185種類）と，鞭毛（大腸菌の運動装置）抗原（H抗原，53種類）の各組み合わせにより型別される．2021年に国内のヒトから分離された腸管出血性大腸菌検出例1,430例のうち，O抗原型はO157が674例（47.1%）と最も多くを占め，O26，O111，O103がこれに続いている[1]（図1）．

　腸管出血性大腸菌感染症は，2021年の集計では計3,236例の感染者が報告されている．O157が検出された674例の主な症状は下痢63.8%，腹痛58.8%といった一般的な食中毒症状に加え，血便43.6%，発熱21.2%など，感染による炎症を伴うこと

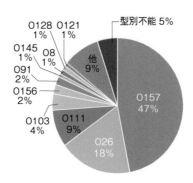

図1　わが国の腸管出血性大腸菌検出例における O 抗原の頻度（2021 年）

もあり，他の食中毒に比べて重篤な症状を示すこともある[1]．さらに重症化すると溶血性尿毒症症候群（hemolytic uremic syndrome：HUS）と呼ばれる症状を示す場合があり，特に 5 歳以下の小児に多く発生する．本感染症患者の治療にあたって，抗菌薬投与により菌体内の志賀毒素の産生が亢進される現象が知られており，感染者の症状がむしろ悪化することも考えられるため，感染者に対する抗菌薬の使用について一定の結論はない[2]．

　野生動物を含む様々な動物が腸管出血性大腸菌を保菌するが，ヒトの感染症において最も重要な保菌動物はウシである．一般にウシは本菌を保菌していても無症状であるため，生産段階での感染牛の識別は困難である．本菌の牛肉への汚染は，主として，食肉処理時に，本菌を含む保菌牛の腸内容物や，ウシの体表に付着している保菌牛の糞便が，直接あるいは間接的に食肉を汚染することに起因する．また，本菌はシカやイノシシからも分離されている．一方，保菌牛では，腸管に存在している同菌が胆管を逆行性に移動し，肝臓を汚染する．

　本食中毒事例の原因食品としては牛肉のほか，ハンバーグやサラダ，飲料水など多岐にわたる．2003〜2011 年に発生した国内の食中毒事例の約 2 割は，牛レバ刺しやユッケ等の生食形態の牛肉料理が原因となったものが占めた．2011 年に発生した牛肉の生食による食中毒を重く見た厚生労働省は，同年に生食用食肉の規格基準を見直し，翌年には牛肝臓の生食用としての提供を禁止した．このほか，焼き肉等で使用するトング等の器具は使い分けること等を啓蒙している．腸管出血性大腸菌は，食品中心温度が 75℃で 1 分以上となるように加熱することで死滅する．本菌による食中毒の予防には，食中毒予防の 3 原則（菌を付けない，増やさない，やっつける）を徹底し，特に子どもや高齢者などは加熱不十分な食肉料理を食べない・食べさせないよう，意識を持つことが重要である．

〔壁谷英則〕

④　リステリア・モノサイトゲネス

　リステリア・モノサイトゲネス（*Listeria monocytogenes*）は，河川水や動物の生息環境など自然界に広く分布する．1980年代以前までは動物の感染症の原因菌と考えられており，反芻獣（ウシ，ヒツジなど）の流産や脳炎の原因菌として認識されていた．1980年代にヒトの脳髄膜炎や敗血症の原因，流産の原因となることが判明し，食中毒菌として注目されるようになった．本菌を原因とするリステリア感染症は，健康なヒトでは低い菌数で発症することがほとんどないため，ヒトからヒトへの感染は起こりにくいと考えられており，FAO/WHOの専門家会議のリスク評価書によると，主な感染経路は食品と考えられている．

　リステリア感染症は，FAO/WHOの専門家会議のリスク評価書によると，非侵襲性と侵襲性の2つに分類されている．非侵襲性のリステリア感染症では，いわゆる"インフルエンザ様症状"を示す．すなわち発熱，頭痛，悪寒などの症状が観察され，時には急性の胃腸炎症状が見られることがある．一方，侵襲性リステリア症では，髄膜炎や敗血症などの重篤な症状を示し，発症した場合の致死率は，20〜25%である．一般に非侵襲性のリステリア感染症が診断されることはまれであり，侵襲性のリステリア感染症が，"リステリア症"と認識されている．

　リステリア症は，アメリカ，カナダ，ヨーロッパなどでは，100万人当たり年間3〜5人が発症することが報告されている．わが国のリステリア症の患者数については，公的な統計がないため明らかになっていなかったが，2000年前後に行われたアクティブ・サーベイランスにより年間83名（100万人当たり0.65人）と推定された．その後，厚生労働省院内感染対策サーベイランス（JANIS）事業および検査部門サーベイランスに基づいて推定された国内のリステリア症患者数は，2008〜2011年の集計で4年間の平均年間罹患率は1.40/100万人であった．2011年の国内のリステリア症患者数はJANISによる推計では，201名であった．これらの2つの患者数の推定を単純に比較することは難しいが，60歳以上の高齢者のリステリア症患者数が多い事実から，近年高齢化に伴いわが国の患者数は増加傾向にあると思われる．

　海外では，発症した場合の症状が髄膜炎や敗血症と重篤であり致死率も20%以上と高いため，リステリア症は重要な食品媒介感染症として認識されている．わが国では上述の推定値からリステリア症患者数が海外に比べ少ない傾向にあると思われる．また，2001年に北海道のナチュラルチーズを原因とする集団事例が1例報告されているがこの事例では非侵襲性のリステリア感染症に留まっており，重篤化した患者が記録されなかったことから社会的には集団事例として認知されなかった．また，本菌によるリステリア症は潜伏期間が長いため散発事例では原因食品の特定は困難であり，国内のリステリア症はほぼ散発事例として発生している．このような状況であるため，わが国では一

般消費者にリステリアが食品媒介感染症であるという認識がほとんどないのが実情である.

　これまでの海外における集団事例の報告から, リステリア症の原因となる食品は, 調理済み食品 (Ready-to-eat Foods, RTE 食品) で, 喫食前に加熱しないで食べる食品が主な原因となっている. 本菌は低温増殖性があることが特徴であり, 増殖可能な食品であれば 4℃保存, 1 週間ほどで菌数は約 10 倍となる. したがって低温で長期間保存される食品には注意が必要である. これまでの集団事例ではソフトタイプのナチュラルチーズや食肉加工品を原因とする集団事例が多数報告されている.

　食品の国際標準を設定しているコーデックス委員会のリステリアの微生物基準は, リスク評価により RTE 食品について喫食時の菌数を 100 CFU/g 以下としている. わが国でも, 食品安全委員会のリスク評価を経て, 非加熱食肉製品, ナチュラルチーズ等を対象に, 100 CFU/g 以下という微生物基準が設定されている.　　　　　〔五十君靜信〕

⑤　E 型肝炎ウイルス

　E 型肝炎ウイルス (hepatitis E virus : HEV) は 2 種類の感染経路 (水系感染, 食品感染) をとる. 国内ではブタやイノシシの肉および内臓の生食あるいは加熱不十分な食品の喫食による感染がほとんどである. 感染しても不顕性感染 (感染しているにもかかわらず無症状であること) が多いが, 感染後, 約 4〜6 週間の潜伏期を経て発症する. 発症すると全身倦怠感, 発熱, 吐き気, 黄疸等の急性肝炎の症状を呈する. 症状は 1 か月程度で回復し, 一般的には慢性化することはない. 免疫不全の患者には慢性肝炎が報告されている. 海外では妊婦に感染した場合, 致死率が高い (10〜20%). 患者は男性の方が女性に比べて多く, 若年者に比べて中高年者の方が多いのが特徴である. 一方, 輸入感染事例では 20〜30 代が多い. 献血検体を用いた全国の抗体保有率は 3.4% で, 年齢が高いほど抗体保有率が高い. 患者発生の多い北海道では 8,173 人に 1 人, 北海道以外では 15,075 人に 1 人の割合で本ウイルスを保有していることが報告されている. また, 輸血による感染も報告され, 現在, 献血における検査が実施されている.

　感染源としては, 豚肉 17%, イノシシ肉 5%, シカ肉 5%, その他 16%, 不明 59% との報告がある. 国内で食用に出荷されるブタの多くが, 出荷時には E 型肝炎ウイルスに対する抗体陽性, 遺伝子陰性である. これは, 養豚場で生後 2〜3 か月齢の時に感染し, 抗体の出現とともにウイルスが排除された結果である. しかし, 市販の豚レバーの 1.9% からウイルス遺伝子が検出されたとの報告もある. 海外での調査ではブタの糞便・肝臓・胆汁・小腸内容物にウイルスが多く, 腸間膜リンパ節・胆のう・肝リンパ節・肺・扁桃腺でもウイルスが検出されている. 一方, 小腸・腎臓・脊髄・心臓・筋肉からは遺伝子は検出されなかった. しかし, 血清からウイルスが分離されることから,

血液を介して全身にウイルスが存在していると考えておいた方がよい．イノシシに関しては筆者らの調査で，18％のイノシシが抗体を保有しており，2.1％のイノシシが捕獲時にウイルスを保有していた．体重30 kg以下と31 kg以上のイノシシとでは抗体保有率が大きく異なり，ウイルスが検出されたイノシシの多くが30 kg以下であることから，30 kg以下の子イノシシはウイルスに感染している可能性が高い．全国のイノシシがE型肝炎ウイルスに感染しているが，関東地方のイノシシの陽性率は特に高く，注意が必要である．シカに関しては抗体保有率は限りなくゼロに近いため，シカ肉のリスクは低いと考えられる．他の感染症予防と同様，E型肝炎対策として豚肉・野生獣肉は生食は厳禁で，十分な加熱処理（中心部を75℃で1分以上）が必要である．　　　〔前田　健〕

⑥　肉類の寄生虫

　肉類には，人獣共通感染症の原因となる病原体汚染の危険性がある．本コラムではジビエ（2.7節参照）に関わる代表的な寄生虫に的を絞って解説したい．

　旋毛虫（トリヒナ）は全世界で年間に推定約1万名の患者が発生する線虫である．欧米諸国では豚肉や馬肉の摂食が主な原因とされるが，日本では精肉店の食肉を介した確実な事例発生はない．わが国では1974〜1982年，および2016〜2019年の各期間に，それぞれ3回，合計6回の旋毛虫症による集団感染事例が発生しているが，すべてクマ肉の喫食が原因であった．旋毛虫の幼虫は動物の筋肉に寄生しており，その肉がヒトに摂食されると，幼虫は小腸で雌雄の成虫に発育する．そして雌成虫から産出された新たな幼虫が，血流を介してヒトの全身の筋肉に運ばれ，幼虫のまま被嚢して，長期間にわたり寄生を続ける（図1）．症状は筋肉痛や発熱で，さらに全身の各所に発疹を認めるのが日本の旋毛虫症（トリヒナ症）の特徴とされる．

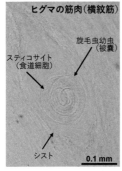

図1　旋毛虫幼虫（ヒグマの筋肉に寄生）

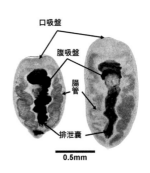

図2　ウェステルマン肺吸虫の幼虫（シカの筋肉から検出）

　ウェステルマン肺吸虫はヒトや肉食獣を終宿主として，肺に形成された虫嚢内に成虫が寄生する．主な症状は発咳と血痰で，同様の症状・画像所見を呈する肺結核や肺癌との鑑別が重要となる．淡水産のカニ（サワガニおよびモクズガニ）に幼虫が寄生し，これを非加熱で喫食したヒトが感染する．一方イノシシが淡水産カニを食べると，幼虫は肺に行かず筋肉に留まり，しかも発育しない．幼虫が寄生するイノシシ肉を非加熱で喫食すると，淡水産のカニを喫食したのと同様に，本虫に感染するおそれがある．シカ肉からもウェステルマン肺吸虫の幼虫が検出された（図2）ことから，シカ肉の生食も危険である．

　加熱不十分なシカ肉を喫食し，数時間後に一過性で軽度の下痢や嘔吐を発症した事例が報告されている．原因のシカ肉が検査され，サルコシスティスという原虫が検出された．未同定の種類も含めて各種のサルコシスティスが，シカだけでなくイノシシの筋肉にも多数寄生することがわかっている．

　一般に寄生虫は加熱に弱い．ジビエ等の調理にあたっては，中心温度を75℃で1分以上保つ加熱が安全を確保する上で必須となる．　　　　　　　　　　〔杉山　広〕

⑦　赤痢菌

　赤痢菌は，グラム陰性通性嫌気性の短桿菌で，腸内細菌科の *Shigella* 属に分類される．*Shigella* という名前は発見者の志賀潔に由来する．*Shigella* 属にはA群（志賀赤痢菌 *S. dysenteriae*），B群（フレクスナー赤痢菌 *S. flexneri*），C群（ボイド赤痢菌 *S. boydii*），D群（ソンネ赤痢菌 *S. sonnei*）の4菌種が含まれ，いずれも細菌性赤痢の原因菌である．赤痢菌に感染して発症するのはヒトとサルのみである．日本では衛生環境の向上に伴い，細菌性赤痢の患者数は激減し，現在ではアジア地域の途上国からの訪日者や帰国者による輸入感染例が多い．国内発生例では，保育園，施設，ホテル等の集団感染事例や井戸水を介した大規模な集団発生が報告されている．発生数は少ないが，少量の菌数でも発症するため，大規模集団感染につながるおそれがある．ちなみに，近年国内で発生した散発症例の8割近くはソンネ赤痢菌による．

　感染経路は経口感染と接触感染で，感染源は患者や保菌者の糞便である．赤痢菌に汚染された食品や水を口にしたり，手指，調理器具，ハエ，トイレのドアノブや手洗いの蛇口等を介したりして，直接的あるいは間接的に感染する．赤痢菌は感染力が強く，10〜100個のごく少ない菌数で発症するため，家庭や施設内での二次感染も多い．そのため，本菌感染症は3類感染症に位置づけられる．

　1〜3日の潜伏期の後，全身の倦怠感，悪寒を伴う発熱，水様性下痢が起こる．腹部のけいれんやしぶり腹（便意は強いのになかなか便が出ない状態），膿の混じった粘血便などのいわゆる赤痢症状が見られる．健康な成人の場合，無治療でも7日程度で自

然に回復するが，基礎疾患のあるヒトや子どもでは重症化することがある．また，症状が治っても最大4週間は便中に赤痢菌が排菌されるので感染を広げないよう注意が必要である．例えば，発症者や保菌者が調理をすると，食品は赤痢菌に汚染されるリスクが高い．

赤痢菌にはアルコールや次亜塩素酸による消毒が有効だが，糞便汚染や手指を介した接触感染の経路を遮断する目的で，石けんを使用した衛生的手洗いが重要である．また，飲食店や食品加工施設においては，従業員に下痢症状がある場合は速やかに医療機関を受診させ，診断を仰ぐことが大切である．細菌性赤痢と診断された場合は，赤痢菌が糞便から消えるまで食品を扱わないようにする，調理作業を控えるなどの適切な対応をとることが望ましい．　　　　　　　　　　　　　　　　　　　　　　　　　　〔川本恵子〕

⑧　A型肝炎ウイルス

A型肝炎は，A型肝炎ウイルス（hepatitis A virus：HAV）の感染による急性肝炎を主徴とした全数把握疾患であり，日本では2018年の925件を除き，近年の年間平均発生件数は150～300件程度である．一般的に，潜伏期は約4週間で発熱や全身倦怠感，食欲不振に続き，黄疸等の肝炎症状が出現する．また，致死率は0.5％未満とされ，数か月で自然治癒し，慢性化しない場合が多い．ただし，発症前2週間から発症後数か月にわたり，HAV感染者は便中にウイルスを長期間排出するため，長期的な感染源となりうる．実際に2013年に発生した家族内感染事例では初発から2か月後に2人目，さらに1か月後に3人目の感染が確認されている[1]．また，2017年には飲食店従業員が発熱等の症状を呈した状態で勤務し，喫食者もA型肝炎を発症した事例も報告されている[2]．

HAVは汚染された食品や水の摂取，または感染者との接触等により感染を呈し，衛生環境の整った日本や欧米等ではノロウイルスと同様，食品媒介性ウイルスとして知られている．欧米では感染源となりうる食品として，水，カキ等の二枚貝，冷凍野菜や冷凍ベリー類，サラダ等が挙げられている．感染予防策としては十分な加熱調理のほか，調理従事者・喫食者の十分な手洗い，調理器具や保存容器の消毒徹底等が基本となる．

5歳以下の小児はHAVに感染しても約90％は不顕性感染（感染しているにもかかわらず無症状であること）を呈するが，成人では約90％が発症するとされる．長期発症予防効果が期待できるワクチンが開発されているが，国内での接種率は低く，60歳未満の約99％はHAVに対する抗体を保有していないとされる．したがって，上述の対策とあわせて，汚染食品を流通させないことも集団感染への備えとして重要な課題である．　　　　　　　　　　　　　　　　　　　　　　　　　　　　　　　　〔上間　匡〕

第3章

魚介類

3.1 鮮　魚

　魚介類を生食する日本人の食習慣により，それに起因する食中毒が非常に多い．厚生労働省の食中毒統計調査によれば，鮮魚だけではないにせよ魚介類を原因食品とする食中毒発生件数は令和 3（2021）年で 223 件であり，総件数の約 31 ％を占めている[1]．鮮魚は，海産や淡水産，天然や養殖にかかわらず，多かれ少なかれ食中毒の原因となる寄生虫や細菌に汚染されている．寄生虫や細菌は加熱により殺すことができるが，刺身のような非加熱食品では他の方法による殺虫・殺菌，洗浄による除去，低温保存による増殖防止をする必要がある．また，これらの処理では除去できない毒を持つフグなどの魚も喫食される．そこで本節では鮮魚を原因とする食中毒について，家庭でできる具体的な予防方法を紹介する．

3.1.1　魚の細菌による食中毒

　海産魚における主な食中毒原因細菌は腸炎ビブリオ（▶危害要因コラム①参照）である．この細菌は海水や海泥に生息しており，海水温が 20℃ を超えると 1 mL 当たり 10〜1,000 細胞が海水から検出されるようになる．したがって，海産魚は天然や養殖にかかわらず，表皮，えら，腸管内などに腸炎ビブリオが存在しているものとして扱わなければならない．家庭で鮮魚から刺身を造る場合は，まずは鮮度の良い魚を用いるべきである．その日に釣った魚であっても冷却が不十分であれば鮮度は低下するし細菌も増殖する．鮮度の良い魚は，見た目が美しく，目が濁っておらず，えらが鮮赤色で，異臭がなく，腹を触ったとき張りがある．鮮魚店で購入する場合は刺身用を入手する．鮮度が少し低下したものは焼き魚に，

さらに低下したものは煮付にするのがよい.

　魚の切り身を水道水で洗うと，うまみ成分が流れ出したり水っぽくなったりして刺身の味を損ねるので，魚をさばく前に魚体表面をよく水道水で洗浄して滑りをとる. そして，うろこ・えら・内臓を除去した後にも水道水でよく洗浄する. この時，桶などに溜めた水道水に浸漬して洗浄してもよいが，最後は流水で十分に洗浄するとよい. この洗浄工程で腸炎ビブリオを効率よく除去できる. また，腸炎ビブリオは真水に弱いので，いくらかは殺菌することもできる. 洗浄後はキッチンペーパーなどで魚の水気を拭っておく.

　三枚おろしは，二次汚染を防ぐために包丁やまな板を交換して，手指を洗剤などで洗浄し，消毒してから行う. うろこ・えら・内臓を除去する時に使用した器具を使う場合には，洗剤を使って十分に洗浄し，食品用エタノール殺菌剤や熱水で消毒してから使用するのがよい. 活魚の魚肉はほとんど無菌であるが，魚をさばいている間に，魚体表面や腸管内にいた細菌が魚肉を汚染するので，これを防ぐことが大切である.

　刺身や生食用の魚は，冷蔵庫（5℃以下）で保存する. 食品衛生法に基づき生食用鮮魚介類1 g 当たりの腸炎ビブリオ細菌数は 100 以下と定められているが，腸炎ビブリオは増殖速度が速く，最適な温度の 35〜37℃であれば，約 10 分間で倍増して，数時間で食中毒を発生させる数に増える. 刺身を食料店で購入した後は，保冷剤や氷と一緒に保冷バックなどに入れるなどして低温に保ち，速やかに帰宅して冷蔵庫に保管し，その日のうちに食べるのがよい. 刺身を冷凍すると，腸炎ビブリオやその他の細菌の生菌数を若干減らすことはできるものの，全部を殺すこと（滅菌）はできないので増やさないように注意する必要がある.

3.1.2　魚の寄生虫による食中毒

　海産魚に存在する主な食中毒原因寄生虫は，アニサキスとクドア（▶危害要因コラム②参照）である. アニサキス食中毒の 2021 年の発生事件数は 344 件に上り食中毒総件数の約 48 %を占め最多である[1]. その原因食品はサバ，アジ，イワシ，サンマ，ヒラメ，ブリ，カツオ，サケなどの海産魚の刺身，酢じめ，寿司などである. このように海産魚にはアニサキスが寄生している. 生鮮魚に「アニサキスがいます」などの表示をして，消費者に注意喚起して販売されている場合もあるが，このような表示がなくても海産魚にはアニサキスが寄生していることを知っておかなければならない.

　アニサキスは魚の体内で増殖することはなく，餌と一緒に魚に食べられて魚体内に寄生している．その主な寄生部位は内臓や腹腔内であるが，魚が生きている時から可食部の筋肉中にも存在している場合があり，どれだけ鮮度が良くても食中毒の危険性がある．さらに，アニサキスは魚が死んだ後，時間が経過すると内臓や腹腔内から筋肉に移行するので，速やかに内臓を除去するのが望ましい．

　アニサキスは，−20℃以下で24時間以上の冷凍で死滅するので，魚や切り身をこの条件で冷凍すれば食中毒を防止できる．販売店などで魚や切り身を購入する際には解凍されたものあるいは冷凍品を入手するとよい．食品表示法に基づき，冷凍して解凍した生鮮水産物は「解凍」と表示されている．家庭で冷凍する場合は冷凍期間に注意が必要である．家庭用冷凍庫の温度は概ね−20〜−18℃ではあるが，この温度に魚や切り身が到達するには，かなりの時間を要するので，家庭では冷凍期間は数日間にすると安心である．

　一般に，冷凍して解凍すると刺身は柔らかくなる．好みにもよるがコリコリとした食感を求めて冷凍したくないのであれば，アニサキスを肉眼で取り除く必要がある．アニサキスは肉眼で確認できる大きさではあるが，細く半透明なので見落とさないように，光に透かしたり拡大鏡を使ったりして見つけるとよい．この時，刺身は光が通る1cm程度の厚みでなければならず，鮮度が低下して刺身の透明度が低下した場合は，より薄くしなければならない．アニサキスがとぐろを巻いて袋（囊胞）に入っている場合や黒色の物質が囊胞の周辺に付着している場合もあるので十分な観察眼も要求される．ブラックライト（紫外線）を虫体に照射すると青色に光り検出が容易になるので，業務用として検出装置が開発されているが，防眼具などの準備や手間を考えると一般家庭にはあまり推奨できない．なお，醤油やわさびではアニサキスは死滅しない．また，食酢や塩漬けでも死滅しないので，しめさばのような酢じめ製品であっても注意が必要である．

　アニサキスは餌とともに食べられて魚に寄生するので，冷凍した生餌や人工餌を与えて養殖した魚にはアニサキスはほとんどいないと考えてよい．全くいないと断言できない理由は，養殖魚の種苗にアニサキスがいる可能性や，アニサキスの卵や虫体を含むオキアミなどの魚の餌が養殖場の海水に混入することを完全には否定できないからである．筆者らは，石川県沖で漁獲された天然マサバを海面生け簀で給餌飼育した場合，魚体1尾当たりの平均アニサキス数（全て内臓に存在し筋肉にはいなかった）が飼育開始時では11匹で，81日後に0.85匹に減少したという結果を得ている[2]．天然マサバを長期間給餌飼育することで，内臓に

寄生するアニサキス数を低減できる可能性があると思われる.

　昔から「サバの生き腐れ」と言われる. サバは他の魚と比較して鮮度低下が早いし腐敗も早いが, そのような意味だけではなく, サバが生きているときから筋肉にアニサキスが寄生しているので食中毒になるとも解釈できる. また, 「サバのような青魚を食べると蕁麻疹がでる」とも言われている. 確かにサバを食べた後に蕁麻疹がでることがある. 近年, この蕁麻疹の原因は, 微生物の働きによって生産されたヒスタミンや, サバに対するアレルギーだけではなく, 多くの場合はアニサキスに対するアレルギーに起因するのではないかと考えられるようになった[3]. 冷凍でアニサキスは死滅するものの, その死骸は刺身から除去されず喫食されるのでアニサキスアレルギーを持つ人は注意が必要である. また, 自分は魚アレルギーだと思い込んで魚を食べなかったが, 実際はアニサキスアレルギーであり, アニサキスがいない魚なら喫食できたということもありうるだろう.

　ヒラメに寄生するクドア (▶危害要因コラム②参照) を原因とする 2021 年の食中毒発生事件数は 4 件であり, 総数の約 0.6% を占める[1]. 養殖ヒラメについては, クドアが寄生していない種苗の確保や出荷前検査などによる生産段階における食中毒発生防止対策[4] が講じられている. 養殖ヒラメを入手したいのであれば, 食品表示法に基づいて「養殖」と表示されているので販売店で判断できる. 天然のヒラメにおいても食中毒を起こすことがある[5]. クドアは小さく肉眼では観察できないので除去することはできないが, −20〜−15℃で 4 時間以上の冷凍で病原性が失われる. 遊漁などで漁獲したヒラメから刺身を家庭で調理する場合は, さばいた魚体, 切り身や刺身をこの条件で冷凍することでクドアを殺虫できる. なお, 冷凍とさばき方の注意点は前述の通りである.

　ルイベという伝統的な北海道の郷土料理がある. ルイベとはサケ類を冷凍して完全に解凍せずに薄く切り, そのまま生食される刺身状の食品である. サケを一度冷凍するとアニサキス食中毒にならないという昔からの食べ方が現在に引き継がれたものであろう. 今ではサケ類だけではなくコマイ, タラ, ホタテガイなどを冷凍した場合もルイベと呼んでいる. 他の海産魚類についても, アニサキスを冷凍殺虫した食品としてルイベは期待できる.

　アニサキスとクドアの他にもヒトに危害を与える寄生虫は多い. 淡水魚は, 横川吸虫, 日本海裂頭条虫(サナダムシ), 広節裂頭条虫, 顎口虫, 肝吸虫など様々な寄生虫に汚染されている可能性があり, どれだけ鮮度が良くても生食のリスクを低減することはできない. 昔は淡水魚が生食されることは少なかったが, 近

年，餌や水質が管理され，養殖環境や養殖魚のモニタリング検査により寄生虫を保持していないことが確認されたニジマスなどの刺身が流通するようになった．すべての淡水魚が生食できるわけではなく，信頼のおける生産者や販売者が製造した刺身を購入し，自分で捕獲した天然の淡水魚を生食するべきではない．

3.1.3 フグの刺身（てっさ）

フグはテトロドトキシンというフグ毒を持つ．フグ毒は強く，食当たりすれば死に至ることもあるので，鉄砲に当たることをかけてフグの刺身は「てっさ」，フグの鍋料理は「てっちり」と関西地方で呼ばれている．フグを原因とする2021年の食中毒発生事件は13件あり，患者は19名で死者は0名である[1]．世界の多くの国はフグ食を禁止しているが，日本では表3.1に記載されている種類と部位だけを食用とすることができる．ここでの筋肉には骨を，皮にはヒレを含んでいる．肝臓や卵巣などは食用とすることができない．また，養殖フグに対しても適用される．

非可食部を除去したフグを身欠きフグと呼ぶ．フグの種類を同定して身欠きフグにするには，かなりの知識と技術が必要であり素人ができるものではない．都

表 3.1 食用のふぐの種類とその可食部位[6]

種類（標準和名）	可食部位は○印			種類（標準和名）	可食部位は○印		
	筋肉	皮	精巣		筋肉	皮	精巣
トラフグ	○	○	○	ショウサイフグ	○		○
カラス	○	○	○	マフグ	○		○
シマフグ	○	○	○	メフグ	○		○
カナフグ	○	○	○	アカメフグ	○		○
シロサバフグ	○	○	○	ゴマフグ	○		○
クロサバフグ	○	○	○	ハコフグ	○		
ヨリトフグ	○	○	○	ナシフグ（注1）	○		○
イシガキフグ	○	○	○	クサフグ	○		
ハリセンボン	○	○	○	コモンフグ（注2）	○		
ヒトヅラハリセンボン	○	○	○	ヒガンフグ（注2）	○		
ネズミフグ	○	○	○	サンサイフグ	○		

注1：ナシフグは有明海，橘湾，香川県および岡山県の瀬戸内海域で漁獲されたものの筋肉並びに，有明海および橘湾で漁獲され，長崎県が定める要領に基づき処理されたものの精巣に限る．
注2：岩手県越喜来湾および釜石湾並びに宮城県雄勝湾で漁獲されたコモンフグおよびヒガンフグは食用にすることができない．

道府県は資格試験などを実施して，この知識と技術を持つ者にふぐ調理師やふぐ
処理師などの資格を与えている．そして，この資格がある者がフグの調理をする
ことになっている．フグを原因食品とする食中毒事例の多くは，この資格がない
素人が調理して発生している．フグ毒は加熱しても分解されないので，有毒部位
の肝臓や卵巣を煮付けや天ぷらにしても危険である．インターネットの動画サイ
トにはフグのさばき方を紹介したものが多くあるが，遊漁などで漁獲したフグを
見様見真似で調理するべきではない．専門家であっても種判別が難しい交雑フグ
もいる．また，同じ種類のフグであっても毒量の個体差が激しく，それまで自分
で調理して大丈夫であったからといって，次も大丈夫とは限らない．遊漁で漁獲
したフグを持ち込めば，資格を持つ者が調理してくれるサービスもあるので，是
非ともこれを利用して，自分では調理しないで欲しい．　　　　　　　〔前田俊道〕

Column 1　**魚の鮮度と腐敗**

　魚の肉は，畜肉に比べて結合組織が脆弱なため，筋肉中の酵素によって自己消化
を受けやすく，微生物による分解も容易に起こる．
　魚の活きの良さは「鮮度」という言葉で表現されているが，「鮮度」を示す指標
にはK値と呼ばれるものが汎用されている．魚は死後，その筋肉は死後硬直，解
硬（硬直解除），軟化を経て，微生物の増殖にともない腐敗する（図1）．その過程
で，魚類筋肉の筋収縮に関与する物質であるアデノシン三リン酸（ATP）が分解
し，イノシン（HxR）やヒポキサンチン（Hx）が増加するとともにテクスチャー
も変化する．このATPからHxまでの核酸関連物質の総量に占めるHxRとHxの
量を百分率で示したものがK値である（図2）[1]．鮮度の高い魚肉ではATPの分解
は進んでおらず［HxR ＋ Hx］の量も少ないため，K値は低い値となる．一般に，
死後直後のK値は10%以下で，20%までは刺身として生食するのに適すると判断
されている．なお，K値の変化は魚種や保存状態，活締めなど処理方法の相違によ
り大きく異なることが知られている[2]．
　一方，魚において官能的に異臭（アンモニア臭）を感じると「腐敗」していると
認識される．これは，魚などのタンパク質を多く含む食品において細菌が増殖する
と細菌由来の酵素の作用（脱アミノ反応）によってアルカリ性下で揮発するアンモ
ニアやトリメチルアミン，ジメチルアミンなどの揮発性塩基窒素化合物（VBN）

が生成するためである．このVBNの総量は腐敗の指標として使用されており，一般的な魚種の筋肉ではVBN値が30 mg/100 gに達すると初期腐敗，50 mg/100 g以上となると腐敗とみなされている．　　　　　　　　　　　　〔山﨑浩司〕

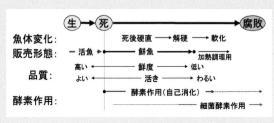

図1　魚の鮮度と腐敗

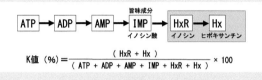

図2　ATPの代謝経路とK値

3.2　貝　類

3.2.1　貝類と食中毒

　貝類の喫食を原因とした食中毒は，貝毒を原因とする食中毒と，微生物である細菌やウイルスを原因とする食中毒に大別できる．本節では，特に貝毒に関連する食中毒について紹介する．他の貝毒については，危害要因コラム⑤を参照されたい．わが国で問題となる貝毒は麻痺性貝毒と下痢性貝毒である．麻痺性貝毒は*Alexandrium*属や*Gymnodinium*属の有毒渦鞭毛藻類により生産され，これらの有毒プランクトンを摂餌した二枚貝が毒を体内に蓄積して毒化する．麻痺性貝毒は北アメリカやヨーロッパでは古くから知られてきた貝毒である．中毒の原因となる毒はサキシトキシン（saxitoxin：STX）[1]とその類縁体である（図3.1）．現在，50種類以上の類縁体が知られているが，主要な毒成分は図3.1に示す13種類である．いずれも水溶性である．中性・酸性溶液中では比較的安定である

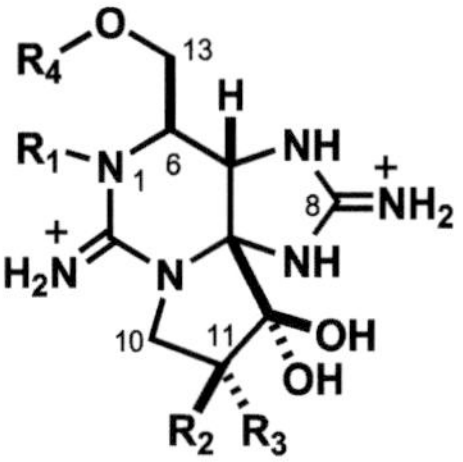

類縁体	R1:	R2:	R3:	R4:	比毒性 (MU/µmol)	正味 電荷
C1	H	H	OSO$_3^-$	-CONHSO$_3^-$	15	0
C2	H	OSO$_3^-$	H	-CONHSO$_3^-$	239	0
GTX1	OH	H	OSO$_3^-$	-CONH$_2$	2468	+1
GTX2	H	H	OSO$_3^-$	-CONH$_2$	892	+1
GTX3	H	OSO$_3^-$	H	-CONH$_2$	1584	+1
GTX4	OH	OSO$_3^-$	H	-CONH$_2$	1803	+1
GTX5	H	H	H	-CONHSO$_3^-$	160	+1
GTX6	OH	H	H	-CONHSO$_3^-$	180	+1
dcGTX2	H	H	OSO$_3^-$	-H	1617	+1
dcGTX3	H	OSO$_3^-$	H	-H	1872	+1
STX	H	H	H	-CONH$_2$	2483	+2
neoSTX	OH	H	H	-CONH$_2$	2295	+2
dcSTX	H	H	H	-H	1274	+2

図 3.1 サキシトキシン群の化学構造と比毒性
MU（マウスユニット）：1 MU は体重 20 g の ddY 系雄マウスを 15 分で死に至らしめる毒量.
GTX：ゴニオトキシン，dcGTX：デカルバモイルゴニオトキシン，STX：サキシトキシン，
neoSTX：ネオサキシトキシン，dcSTX：デカルバモイルサキシトキシン.

が，塩基性条件下ではきわめて不安定で速やかに分解される. 中性・酸性溶液中では，熱にも安定であり，通常の加熱調理では完全に分解されることはない. STX 群は，生体膜上の電位依存性ナトリウムチャネルに可逆的に作用し，ナトリウムイオンの流入を遮断することで毒性を発現する[2]. グアニジウム基を有することやナトリウムチャネルを阻害する作用などから，フグ毒テトロドトキシンに類似することが注目されてきた. STX に代表される 13 位カルバモイル毒（R$_4$＝-CONH$_2$）はフグ毒テトロドトキシンに匹敵する非常に強い毒力を示す. 13 位の脱カルバモイル毒（R$_4$＝H）はカルバモイル毒と比較すると毒力は同程度か若干弱い. 13 位に *N*-スルホカルバモイル基が結合した *N*-スルホカルバモイル毒（R$_4$＝-CONHSO$_3^-$）は毒力が非常に弱い.

　一方，下痢性貝毒は *Dinophysis* 属有毒渦鞭毛藻類により生産される. 中毒の原因毒はオカダ酸（okadaic acid：OA）・ジノフィシストキシン（dinophysistoxin：DTX）群である（図3.2）. これらは多数のエーテル結合を分子内に有するポリエーテル化合物で脂溶性である[3]. 酸やアルカリ，熱に安定であるため，通常の加熱調理で分解されることはない. OA・DTX 群は，セリン／スレオニンプロテインホスファターゼ（serine/threonine protein phosphatase 1 and 2A：PP1, PP2A）に結合し，プロテインホスファターゼ作用を阻害する[4]. PP1 および PP2A の阻害作用により，リン酸化タンパク質が過剰に蓄積され，細胞の調節機能に支障をきたし，このことが OA・DTX 群の下痢原性に関与していると考え

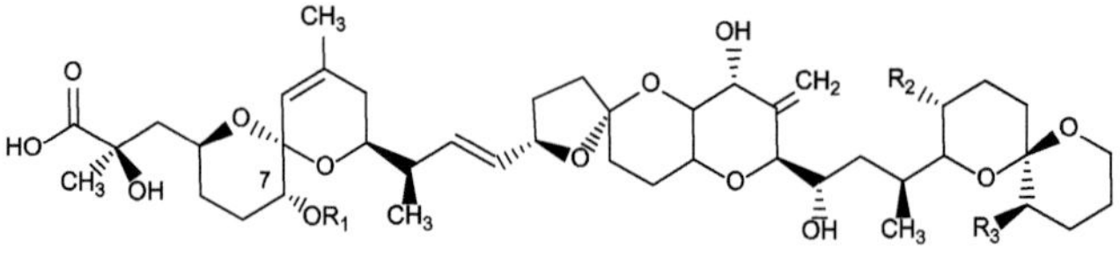

	R$_1$	R$_2$	R$_3$
okadaic acid (OA)	H	CH$_3$	H
dinophysistoxin-1 (DTX1)	H	CH$_3$	CH$_3$
dinophysistoxin-2 (DTX2)	H	H	CH$_3$
7-O-acyl-dinophysistoxin-1 (DTX3)	Acyl	CH$_3$	CH$_3$

Typical acyl group:　　　　　　　　　　　　　　　C16:0

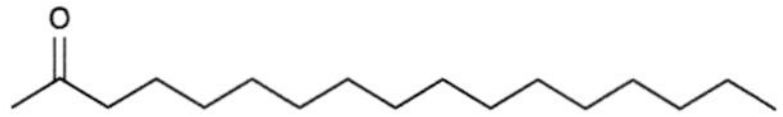

図3.2　主要なオカダ酸群の化学構造

られている．さらに，OA・DTX群には発がん促進作用があることも知られている[5]．一方，OA群のマウスに対する経口投与による病理学的観察では，小腸における液体の貯留，粘膜固有層の損傷が観察される[6]．

　微生物を原因とする食中毒には，国内では腸炎ビブリオ（▶危害要因コラム①参照），病原大腸菌などの細菌やノロウイルス（▶危害要因コラム④参照），A型肝炎ウイルス（▶第2章危害要因コラム⑧参照）などのウイルスを原因とした食中毒が含まれる．海外ではビブリオ・バルニフィカス（▶危害要因コラム①参照）に汚染されたカキの喫食による食中毒も報告されている．

3.2.2　貝毒に関連する食中毒の実例

　麻痺性貝毒の中毒症状はフグ中毒と似ており，死亡率が高い神経性の症状を起こす．通常食後30分程度で唇，舌，顔面のしびれに始まり，しびれおよび麻痺が首，腕，四肢に広がる．頭痛，嘔吐，運動失調，言語障害，浮遊感を示すことがあり，重篤となると呼吸麻痺で死亡する．回復すれば後遺症はない．ヒトの経口摂取では，1人当たり144〜1,660 µg STX当量では軽症，456〜12,400 µg STX当量では致死的中毒が報告されている[7]．麻痺性貝毒はほぼ世界中で確認されている中毒である．国内では，1948年以降，170名以上の中毒患者数が報告されており，4名の死亡事例が確認されている．わが国では，1979年に発出された「ホタテガイ等の貝毒について」（水産庁長官通達），「貝類による食中毒の防止につい

て」(旧厚生省環境衛生局乳肉衛生課長通知) などの行政措置により, 二枚貝の貝毒監視体制が全国的に整備され, 近年では市場に流通した二枚貝による食中毒事例はきわめてまれであり, 報告されていない.

下痢性貝毒の中毒症状は, 下痢 (92%), 吐き気 (80%), 嘔吐 (79%), 腹痛 (53%) などである[8]. 通常, 発熱はみられず, 腹痛も腸炎ビブリオよりも軽度である. 喫食から発症までの時間は短く, 70%の患者が4時間以内に発症している. 安静にしていれば2, 3日で回復し, 死亡事例や後遺症はない. ヒトの最低発症量はOAとDTX1に換算すると, それぞれ48 µg, 38 µgとなる[7]. OA群による中毒は, 1976年と1977年に東北地方沿岸でムラサキイガイの喫食により発生した貝中毒が最初の事例であり, 下痢性貝毒による中毒として世界で最初に報告された[8]. 麻痺性貝毒と同様に世界中で問題になっている中毒である. わが国の下痢性貝毒による中毒事例としては, 1976年6月～1983年8月の期間に, 1,135名の中毒患者が報告されている[9]. 麻痺性貝毒と同様に, 国内の貝毒監視・検査体制が整備されたため, 近年, 市場に流通した二枚貝による中毒事例はほとんど報告されていない.

3.2.3　食中毒原因物質の汚染経路と汚染実態

貝類のうち, 多くの二枚貝は海水中のプランクトンを餌としており, 大量の海水を体内に取り込み, プランクトンを濾し取って摂餌している. 二枚貝が摂餌したプランクトンの中に有毒プランクトンが含まれると, 有毒プランクトンの毒を体内に蓄積して毒化する. また, プランクトンとともに海水中の細菌やウイルスも濾し取られ二枚貝の体内に取り込まれる. 腸炎ビブリオは元来, 海水中に広く分布する細菌であり, また, 大腸菌やノロウイルスは, 生活排水中に存在し, 下水処理場で処理しきれなかった場合に, 河川を通って海に放出されている. 二枚貝に蓄積した大腸菌や腸炎ビブリオは, 殺菌された海水にてしばらく畜養することで, ほとんど浄化されることがわかっている. 一方, ノロウイルスは同様の処理でもなかなか浄化されないことが明らかとなっている. カキがノロウイルスに汚染されやすいことには理由があり, カキ中腸腺内にノロウイルスが特異的に結合するような組織が存在するためである.

3.2.4　生産時の安全対策

わが国では, 貝毒による食中毒を防ぐために, 二枚貝生産海域から流通に至る

段階的な監視体制が整備されている（図3.3）．生産海域では，有毒プランクト
ンや二枚貝の毒力を監視するために監視定点を定めている．有毒プランクトンの
監視は，都道府県の水産関係試験研究機関により行われている．有毒プランクト
ンの主な監視対象種は，麻痺性貝毒生産種では *Alexandrium* 属と *Gymnodinium*
属有毒プランクトン，下痢性貝毒生産種では *Dinophysis* 属有毒プランクトンで
ある．これらの有毒プランクトンの監視は，生産海域における二枚貝の毒化を事
前に予察し，二枚貝の監視を強化する上で重要な情報となっており，有毒プラン
クトンの出現情報は水産サイドの試験研究機関や行政部局により公表され，二枚
貝生産者に直接伝えられることもある．通常，有毒プランクトンの発生，出現密
度の上昇により，二枚貝の貝毒検査は最低，週1回の頻度で行われている．二枚
貝の貝毒検査により，基準値を超える毒力が検出された二枚貝については，生産
者による出荷自主規制措置が講じられる．自治体によっては，基準値よりも低い
値で自主規制措置を要請している二枚貝種もある．原則として，3週連続で規制
値を下回った場合に限り，二枚貝の出荷が再開されるが，毒が速やかに排泄され
る二枚貝種については，科学的知見が得られれば自主規制期間を短縮することも
可能である．また，ホタテガイについては中腸腺などの有毒部位の除去等の処理
を適切に行うことにより，出荷が認められている．市場に流通した二枚貝につい

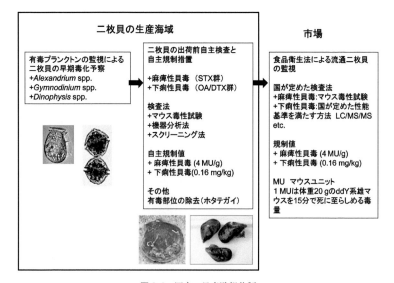

図3.3 国内の貝毒監視体制

ては，食品衛生法の下で公定法や国が通知した性能基準を満たす検査法による監視が行われている．

3.2.5 家庭での安全対策

麻痺性貝毒や下痢性貝毒は熱にきわめて安定なため，家庭での調理等により，中毒を防ぐことができない．前述した貝毒監視体制により，流通している二枚貝については，安全に喫食することができる．遊漁禁止区域の二枚貝を採取して食べないことはいうまでもないが，市場に流通した安全な生鮮二枚貝であっても，中腸腺など毒を蓄積しやすい部位の喫食は避けた方が無難である．

〔鈴木敏之・大島千尋〕

3.3　水産発酵食品

生鮮水産物の肉質は畜肉に比べて組織が脆弱なため，腐敗しやすい．そのため，漁獲物を乾燥して干物にする，塩蔵して塩辛にするなど，水産物を長期間保存できるような技術を培ってきた．また，味噌，醤油，納豆などの発酵食品の製造が盛んなことからもわかるように，水産物にも発酵技術が応用され，いずし，糠漬け，塩辛，魚醤油，かつお節などの発酵食品が生み出された．これらの発酵食品は微生物の存在が知られる前から先人達の知恵により貯蔵・加工技術として開発・伝承されてきた．

3.3.1　日本の水産発酵食品の特徴

日本では古くから各地で多様な水産発酵食品が製造されてきた．表3.2に示すように発酵様式で分類すると「塩蔵型発酵食品」と「漬物型発酵食品」の2つに大別される[1]．塩蔵型発酵食品としては塩辛，くさや汁，魚醤油などが挙げられる．魚介類を塩漬けし，発酵させたもので，自己消化酵素と微生物により独特な風味が醸成される．くさや汁を除き，塩分濃度が高いのが特徴で，しょっつるでは塩分濃度30％にも達する．保存性の向上は食塩に負うところが大きい．漬物型発酵食品は塩蔵した魚介類を米飯，糠などとともに発酵させる．穀物由来の糖質を乳酸菌が利用することで，乳酸発酵が起こり，酸味が付与され，保存性が向上する．塩蔵型発酵食品に比べ，塩分濃度が低く，酸味が強いのが特徴である．

表3.2 各種発酵食品の特徴（文献1を改変）

	発酵食品	主な製品	塩分濃度	発酵期間
塩蔵型	・塩辛	イカ塩辛，酒盗，このわた	10%以上	2〜3週間
	・くさや汁	くさやの干物	3〜10%	100年以上
	・魚醤油（乳酸蓄積型）	いしる，しょっつる	15%以上	1年以上
	・魚醤油（高食塩型）	いしる，しょっつる	25%以上	1年以上
漬物型	・馴れずし	ふなずし	2%程度	1年以上
		生馴れずし（さば馴れずし）		2〜3週間
		いずし（サケ，ニシンなど）		2〜3週間
	・切込み	ニシンの切込み	2〜3%程度	
	・魚類糠漬け	へしこ，こんかいわしなど	7%程度	1年以上
その他	・かつお節（節類）		ほぼ0%	6か月以上

代表的なものとして，馴れずし，切込み，魚の糠漬けなどが挙げられる．また，上記の発酵様式に当てはまらないものとして，かび付け型発酵食品がある．これは，かつお節を代表格とする節類と呼ばれる食品で，乾燥させた魚肉にコウジカビの一種を付け，脂質の分解と香気成分を付与する．

3.3.2 各種水産発酵食品

本項では，生食に近い形で喫食される3つのタイプの発酵食品について紹介する．ここで紹介できなかった製品については成書[1-4]を参照されたい．また，以下に挙げる製造方法は一例である．

a. 馴れずし

魚介類を塩蔵後，米飯に漬け込み，その自然発酵により生じた乳酸などによって酸味を付けると同時に保存性を付与したもので，ふなずし，さば馴れずし，いずしなどの製品がある[1]．ふなずしのように長期間（1年以上）発酵熟成させ，米飯はほぼ消失し，魚肉のみを食するものを狭義の馴れずしといい，これに比べて発酵期間が短く，米飯も食するものを「生馴れずし」や「いずし」と呼んでいる．ここでは，いずしを例として製造方法と発酵機構について紹介する．

いずしは北海道，東北地方で一般的に食されている水産発酵食品で（図3.4），さわやかな酸味と魚肉の味が特徴的で，魚体とともに漬け込まれた野菜や米飯も食される．漬け込みに使用される魚類はサケ，ニシン，ハタハタなどで，通常は冬季に低温で時間をかけて発酵させる[4]．また，米飯を抜いて，ニシンな

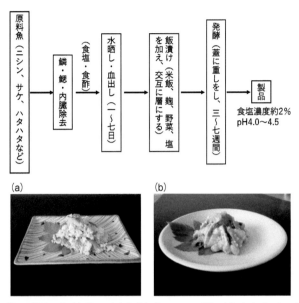

図 3.4 いずしの製造工程 (文献 14 より作成) とニシンいずし (a) およびニシン切込み (b)

どの魚と麹および野菜とともに発酵させたニシン漬けまたはニシンの切込みも北海道を中心に普及している (図 3.4) [4]. これらの食品では発酵中, *Lactobacillus* や *Leuconostoc* などの低温でも増殖できる乳酸菌が米飯などから供給される糖質を利用し, 乳酸発酵を行っている [5-9]. 製品の pH は 5.0 未満と低い. いずしやニシン切込み発酵時の温度については, 発酵温度を 5℃ にすると, 10℃ で発酵させた場合よりも品質が安定し [5-8], ニシン漬けでは 5℃ 発酵によって変敗要因となる酵母の増殖を抑制できるとされている [9]. この発酵至適温度は, 生産地の気候とよく合致している.

b. 糠漬け

原料魚を塩水に浸漬したのち, 米糠とともに発酵させる魚類糠漬けのことで, 若狭のへしこや能登のこんかいわしなどが有名である. 塩味と糠独特の風味が特徴である. 薄くスライスしてそのまま, または軽く炙って食される. 能登地方では煮物の調味料・具材としても使用される. ここでは, へしこを例として紹介する (図 3.5) [3]. 伝統的な製造方法では塩分濃度が 7〜10% と馴れずしより高く, pH は 5.0 前後とやや高い. 主要な微生物として好塩性乳酸菌 *Tetragenococcus* が分離される. 発酵機構としては本菌による乳酸発酵であると考えられている [3, 10].

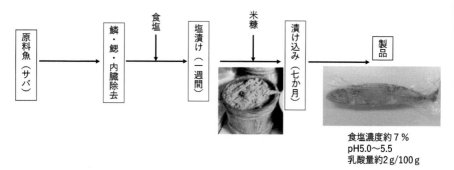

図3.5 へしこの伝統的製造方法

c. 塩 辛

魚介類の筋肉，内臓などに食塩を加え腐敗を防ぎながら原料を消化し，特有の風味を醸成させたもので，イカ塩辛，カツオ塩辛（酒盗），アユ内臓塩辛（うるか），ナマコの塩辛（このわた），サケ腎臓の塩辛（めふん）などの塩辛が製造されている[1, 4]．塩辛は代表的な塩蔵型水産発酵食品である．ここではイカ塩辛を例として製造法を紹介する．イカの筋肉と内臓は別々に塩漬けされ，発酵・熟成時に混合される（図3.6）．10〜20日ほど発酵・熟成させ製品となる．塩辛の発酵・熟成については，塩辛独特のうま味はイカ肝臓や筋肉から供給される自己消化酵素によるタンパク質の分解によるところが大きく，風味の醸成は微生物によるものとされている[1, 2, 11]．いずしや糠漬けのような乳酸発酵は起こらず，発酵中には *Staphylococcus* などの耐塩性グラム陽性菌や酵母が優勢となる[1, 2, 11]．伝統的な製法で製造された塩辛の塩分濃度は10%を超え，塩辛い．もともと魚介類の保存を目的として製造されてきた食品であるため，腐敗防止の観点から，塩分濃度は高い．後述のように，魚肉の腐敗を食塩添加だけで防止しようとすると，数週間程度の保存では15%以上の食塩が必要である．しかし，冷凍冷蔵技術の発達と消費者の減塩志向により，近年の主流は食塩5%程度の減塩塩辛である．魚肉および内臓に添加する食塩量が低いため，長時間の発酵・熟成は腐敗のリスクも高く，保存には冷凍または冷蔵が必要である．この場合，うま味や風味の醸成に自己消化や微生物の関与は低い．

3.3.3 水産発酵食品の保存性のしくみ

塩辛をはじめ，多くの水産物で日持ち向上のために食塩が使用される．どの程

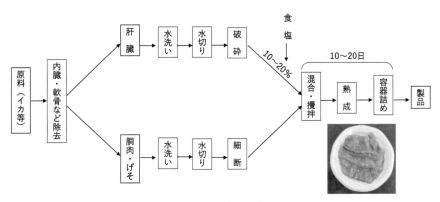

図 3.6 イカ塩辛の伝統的製造方法

度の食塩を添加すれば保存性の向上に寄与するか？　図 3.7 はアジの魚肉に各濃度の食塩を添加し，室温で貯蔵した際の腐敗の進行を示した図である[12]．塩分濃度が高くなるに従い，腐敗の進行が抑制されている．食塩 15% を超えると格段に日持ちが良くなり，およそ 25% を超えるとほぼ腐敗が進行しなくなる．つまり，食塩添加だけで魚肉の日持ちを向上させるには，甘く見積もっても，数週間程度の保存には 15〜20%，それ以上の長期では 25% 以上の食塩添加が必要である．しかし，実際の水産発酵食品では数か月または年単位の貯蔵も可能である．それでは食塩以外にどのような制御法が使われているのであろうか？　前述のように，いずしや馴れずしは魚肉とともに米飯や野菜などの糖質を多く含む原料が使われ，低 pH 耐性に優れた非好塩性乳酸菌による乳酸発酵が起こっている．これらの製品の塩分濃度は 2% 程度と低いが，pH は 4.5 程度と低い．つまり，腐敗の抑制には 2% 程度の塩分濃度では不十分なため，乳酸発酵による pH 低下で補っていると考えられる．実際 pH 5.0 以下では多くの微生物が増殖を阻害される．一方，塩分濃度が 7% 以上と高い糠漬けでは pH が 5.0〜6.0 とさほど低くない．すなわち食塩である程度の腐敗菌の増殖を抑え，不足する分は塩分濃度 20%でも増殖可能な好塩性乳酸菌による乳酸発酵によって pH を下げて補っているとも考えられる．このように，水産発酵食品の日持ちは，塩分濃度と pH（乳酸発酵で生成する乳酸量）のバランスにより成り立っていることがわかる．まさにハードルテクノロジー理論[13]*の実践ともいえる．

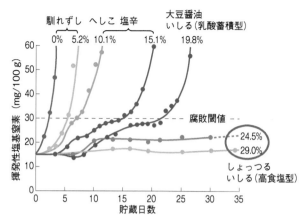

図 3.7　アジ魚肉の腐敗と食塩含量（文献 12 を改変）の関係および各種発酵食品の塩分濃度
　　　　アジ魚肉に食塩を各濃度で添加し，18～19℃で貯蔵した時の腐敗の進行を示す.

3.3.4　水産発酵食品における食中毒

　水産発酵食品を原因とする食中毒としては，いずしのボツリヌス中毒が件数も
多く，過去には死者も出ていることから特段の注意が必要である（▶危害要因コ
ラム③参照）．それ以外では水産発酵食品を原因とする明確な食中毒事例の報告
はないが，魚醤油などの水産発酵食品でヒスタミンの蓄積が散見され，アレルギ
ー様食中毒発生の可能性について指摘されている.

a．ヒスタミン

　ヒスタミンを原因とする食中毒の多くは生鮮魚介類や加工品で，水産発酵食品
での食中毒事例は少ない．昭和 32（1957）年に北海道のいずしでアレルギー様
食中毒と見られる事例が報告され[14]，市販糠漬け製品においても高含量のヒス
タミンが検出されるなど[15]，食中毒の可能性が懸念されている．しかし，水産発
酵食品は 1 食当たりの摂取量が少ないため，食中毒には至っていないと考えられ
る．生鮮魚介類でのヒスタミン生成は魚由来の遊離ヒスチジンが微生物によりヒ
スタミンに変換されることによるが，発酵食品では原料中のタンパク質が発酵過
程で分解され，生成してきたヒスチジンが微生物によってヒスタミンに変換され
てしまう．よって，魚種に関係なく，原料のタンパク質にヒスチジンが含まれて

＊：ハードルテクノロジー理論とは，「できるだけマイルドで異なる微生物制御法（ハードル）の組み合
　　わせを食品に併用し，それらの相乗効果により食品の安全性を確保すると同時に食品本来の品質・食
　　感・栄養性・機能性を高度に維持しながら安全に保存する考え方」.

いればヒスタミンが蓄積する可能性がある．水産発酵食品で乳酸発酵の主役となる *Lactobacillus* や *Tetragenococcus* の中にはヒスタミン生成に関与する遺伝子を保有する菌株も存在するため，このような菌株が発酵中に混入し，増殖するとヒスタミン蓄積に繋がる．しかし，発酵環境を清浄に保ち，ヒスタミン生成菌の混入を抑え，発酵スターターの添加によってヒスタミン生成菌が増殖する前に発酵環境をスターターで満たしてしまえばヒスタミンの蓄積は防げる[16]．

〔里見正隆〕

3.4 非加熱水産加工品

　非加熱水産加工品とは，原料の魚介藻類に加熱以外の加工処理を施したもの，または最終工程において加熱処理のないものをいう．生食用加工品，塩蔵品，発酵食品のほか，乾製品，燻製品，調理加工品などにも該当するものがある．生食用加工品は，生鮮魚介藻類を生のまま食することができるよう非可食部を除去した後，高鮮度を保持したまま所定の形態に整形し，冷蔵・冷凍したもので，塩蔵品は魚介藻類や魚卵等を塩漬けし，保存性を付与したものである．発酵食品は，塩辛のような塩蔵型の食品と「馴れずし」のような漬物型の食品がある（▶3.3節参照）．非加熱乾製品は，魚介藻類を低温または常温下で乾燥し，保存性を付与したもので，素干し品，塩干し品，みりん干し品（調味乾製品）などが含まれる．燻製品のなかでも低温で短時間燻煙処理するスモークサーモンは，乾燥がさほど進行しないので生に近い食感を有する．調理加工品は，原料魚介藻類を加工に適した形態に処理（ブランチング：湯通しを含む）後，味付けや衣かけ，調味等の調理加工を行い，嗜好性，利便性，保存性等を付与した製品である．これらは冷蔵・冷凍，包装して保管流通され，必要に応じて加熱調理して食するものである．

　また，非加熱加工品は，喫食に際して加熱を要しない調理済み食品（Ready-to-eat 食品，RTE 食品）としても利用されることが多い．RTE 水産食品としては，すし・刺身，燻製品，シーフードサラダ，煮熟エビカニ，殺菌済み食品，酢漬け，マリネ，乾製品，シーフードサンドイッチなどが含まれるが，非加熱加工品ばかりでなく，加熱加工品でも冷蔵あるいは冷凍状態で流通し，喫食前の加熱調理を必要としないものがある．本節では，RTE 水産食品の安全性について紹

介する.

3.4.1　各種食品の特徴

　刺身向けの生食用魚介類では, 鮮度が最も大きな品質判定基準になる (▶*Column* 1 参照) ため, 漁獲時からの魚体管理, 温度管理による鮮度保持の取り組みが行われ, これは衛生管理にも通じるものである.

　塩蔵品は, 高濃度の食塩で塩漬けにして保存性を高めたもので, 例えば塩引きサケなどは常温流通も可能としてきた. このような食品では, 食中毒の危害要因になる食中毒菌は通常考えられない. 一方, 消費者の嗜好に合わせて塩分濃度を控えた製品は, 塩漬けした後に冷凍した状態で流通される. これらは, 通常食べる前に加熱されるので, 危害要因として食中毒菌は想定されにくい. しかし, 塩蔵魚の危害要因としては鮮度の低下した原料を使用した場合にヒスタミンの蓄積が懸念されるので, 原料には高鮮度で低温管理したものを用いる必要がある.

　魚卵製品の筋子・イクラ, タラコ, カズノコは, それぞれサケ, スケトウダラ, ニシンの卵巣を塩漬けしたものである. 魚卵製品には, 塩蔵品だけでなく醬油漬けのように塩分を含む調味液に浸漬したものも存在する. これらは基本的に低温保存が求められ, 通常は冷凍状態で流通される.

　発酵食品は, 通常生のまま消費されるが, 高い塩分で漬け込んだ塩蔵型塩辛類では食中毒の報告はない. ただし, イカ塩辛は現在, 低塩分の要冷蔵タイプの製品が主流であり, 極端に塩分を控えた製品では原料由来の腸炎ビブリオによる食中毒事件が報告されている. このような低塩分塩辛では衛生管理, 低温管理に努めなければならない. また, 米飯や野菜と魚肉を漬け込んだ漬物型発酵食品では, ボツリヌス E 型菌による中毒が自家製の「いずし」などで起こりやすい (▶3.3 節および危害要因コラム③参照).

　魚介類の非加熱乾製品には, 生のまま乾燥した素干し品, 塩水に浸漬 (または撒塩) した後乾燥した塩干し品, みりん干し品などがある. 代表的な素干し品には, イカの「するめ」, 干しタラなどがあり, 塩干し品には各種干物 (ひもの) 類が含まれる. 海藻の乾燥品も多く生産されており, ノリ, ワカメ, コンブ, 有色海藻類などが代表的である. 危害要因は, 赤身の魚の干物ではヒスタミンであり, 乾燥耐性の高いサルモネラ属菌の汚染も考慮しなければならない.

　燻製品は, 非加熱で摂食する食品であり, 燻煙処理の温度や時間によって, 冷燻品, 温燻品に分けられ, 冷燻品は, 低温 (10~25℃) で長期間 (3~4 週間)

の燻乾による水分活性低下による保存性の付与を目的としたもので，温燻品は30〜80℃の比較的高温で短時間燻煙処理し，風味付けを目的としており，低温保存が必要である．燻製品のうち，最も生に近い食感の製品はスモークサーモンと呼ばれ，食塩をベースとする調味液にサケのフィレーを一夜浸漬したのち，20℃程度で短時間燻煙・乾燥処理したものである．近年サケの燻製品といえばこのスモークサーモンを指すことが多く，保存・流通には冷蔵もしくは冷凍が用いられる．

3.4.2 Ready-to-eat（RTE）水産食品の危害要因

非加熱加工食品の危害要因は，原料の魚介藻類から受け継がれると同時に，加工処理環境や食品取扱者などから二次的に取り込まれる場合がある．非加熱加工食品のなかでも，喫食に際して加熱を要しない RTE 水産食品の衛生管理が課題となっている．これには，加熱処理をせずに，軽く加塩したり，冷燻したり，pH を下げたりする処理を組み合わせた軽度保存処理水産加工品も含まれ，例えば，冷燻魚，魚の酢漬け（マリネ），魚卵の醤油漬けなどがある．これらの製品の pH は 5.0 以上，塩分濃度は 6% 未満のものが多い．

非加熱加工品の取り扱いは，生産から家庭内，最終消費に至るまでの衛生管理と低温保存と低温流通が基本であるが，食品を低温で長期間保存することが可能になったことが，低温増殖性の有害菌による食品媒介感染症が注目されるようになった一因と考えられている．

RTE 水産食品の安全性において問題とされるのは，低温増殖性の食中毒菌であるリステリア・モノサイトゲネス（*Listeria monocytogenes*，以下リステリア）や E 型ボツリヌス菌（*Clostridium botulinum*，▶危害要因コラム③参照），ヒスタミン（低温増殖性のヒスタミン産生菌，▶*Column* 2 参照）などがあり，特にリステリアは RTE 水産食品においては最も注意すべき病因物質と考えられている．そのほか，魚介毒（▶3.2 節貝毒，危害要因コラム⑤参照），寄生虫（▶危害要因コラム②参照）などが生原料に由来する危害要因である．また，病原大腸菌（特に腸管出血性大腸菌）は，イクラの醤油漬けによる集団食中毒の原因となったことがあり，環境由来の汚染菌の制御も考慮する必要がある[1]．

3.4.3 水産食品によるリステリア食中毒

水産食品によるリステリア食中毒について，日本では報告例がないが，欧米で

は冷燻製品およびそれを使用したマリネなどでリステリア症の事故例が報告されている[2]（表3.3）．FDAでは冷燻魚をリステリア症に関わる高リスク製品と認定している[1]．

　リステリアは，冷燻サケと温燻サケ，発酵魚，魚のサラダなどを含むRTE水産食品から頻繁に分離されてきた．Jami et al.（2014）の総説によると，これまでに報告されている生の魚類のリステリア検出率は43.3～0%，甲殻類28.8～0%，二枚貝23.8～0%である．水産物燻製品からの検出率は80.3～0%で，冷燻サケ（スモークサーモン）で検出率の高いものがある[2]．

　軽度保存処理水産加工品では，マリネなどで38.4～0%，シーフードサラダ35.6～3.8%，魚卵製品13.4～0%，塩蔵品60.0～0%，乾製品0%，その他複合製品　14.1～0%である．これらのマリネや塩蔵品などの調理，調味，加工，保存の条件はリステリアの制御に必ずしも有効でないことを示唆している．

　国内では，日本特有の食品としてネギトロからの検出率が高く，Miya et al.（2010）の調査では，ネギトロ12.1%，サケ卵5.7%，たらこ9.1%，スモークサーモン3.0%[3]，原ら（2003）はネギトロ13.7%，すじこ8.7%，めんたいこ26.3%，たらこ0%，かずのこ0%，スモークサーモン3.5%と報告している[4]．中村・西川（2006）は，マリネ用を含むスモークサーモン・トラウトから18.2%の検出を報告している[5]．これらのリステリア汚染菌数についてはさほど

表3.3　水産食品を原因とするリステリア症（文献2より作成）

食品	国名	年	患者数（死者数）
ニシンカツレツ・マリネ	ドイツ	2010	8（1）
魚	フィンランド	1999-2000	10（4）
ニジマス燻製	フィンランド	1999	5
ツナ・コーンサラダ	イタリア	1997	1566
イミテーションカニ肉	カナダ	1996	2
ニジマス冷燻	スウェーデン	1994-1995	9（2）
イガイ燻製	ニュージーランド	1992	3（1）
イガイ燻製	オーストラリア	1991	4
エビ	米国	1989	2
タラ卵燻製	デンマーク	1989	1
魚	イタリア	1989	1
魚貝	ニュージーランド	1980	22（7）

高くないものが多いが，魚介類の RTE 食品は潜在的にリステリア属菌の感染リスクが高いことを意味している．また，生の魚介類よりも加工品からの検出率が高いことから，加工環境や製造プロセス（装置，機械）が汚染機会となっており，施設定着株の関与も指摘されている[2,6]．このことは，加工工程での汚染は効果的な洗浄・衛生プログラムによって最小限に抑えられることを示唆している．

　スモークサーモンなどすべての冷燻魚は迅速に冷蔵し，その後の保存および輸送時には5℃未満に保つ必要がある．冷燻法では低温性の病原菌を死滅させることは期待できないため，保存時の温度をできるだけ低温に保つことが冷燻魚には特に重要である．また，リステリアは低温増殖性があるので，低温においても長期保管はリスクを高めることになる．

3.4.4　非加熱水産加工品，RTE 水産食品の取り扱い

　非加熱水産加工品は，低温における保存流通が基本であり，常温下に置かれると食中毒のリスクが上昇する．よって，食中毒予防の3原則を順守した取り扱いを心懸けなければならない．以下に家庭でできる食中毒予防策を挙げる．

　a.　低温管理

　非加熱水産加工品および RTE 水産食品を購入し，利用する場合，低温で保存し，品温を上昇させないこと．冷蔵庫は過信せず，保存する場合は冷凍庫やチルド室（0〜2℃）での保管が望ましいが，長期にわたる保管は避けること．冷凍品は冷蔵庫内で解凍し，食事の提供などで1〜2時間以上室温にさらされる場合は，氷上に置くなど適切な保冷措置を施し，品温の上昇を防ぐこと[7]．

　b.　清　潔

　食品が他の食品や調理器具・環境などを汚染しないように取り扱い，ヒトや環境からの病原菌による汚染を防ぐため，必要に応じてビニール袋または容器に食品を密封保管するとよい．食事に提供するときは，清潔な調理器具，食器を使用すること[7]．

　c.　迅　速

　期限内に食べきるようにし，開封後は期限にかかわらず速やかに消費すること．期限や品質が疑わしい場合は，完全に加熱調理するか，廃棄すること[7]．また，非加熱加工品，またはそれを素材として調理したものは，長時間放置すると菌が増殖する可能性があるため，作り置きせずに早めに消費すること．

　埼玉県内で 2020 年 6 月に学校給食で発生した病原大腸菌 O7：H4 による集団食中毒（患者数 2,958 名）は，原料として使用した乾燥海藻ミックスに含まれていたチリ産赤杉のりに原因細菌が付着しており，それを最終加熱工程のないメニューに供したこと，温度管理が不十分な状況下で前日処理し，調理後，配送から配膳，喫食までの間冷蔵管理されていなかったことなどが原因とされている．改善策として，前日調理を廃止，乾燥した海藻は水戻しではなく，98℃で 5 分以上の湯戻しをするように変更された[8]．家庭でも，原材料の適切な下処理を行い，長時間の作り置きを避けるなどの対応をすることが食中毒予防のために有効である．

〔川合祐史〕

Column 2　**ヒスタミン食中毒**

　ヒスタミン食中毒は，食品に蓄積したヒスタミンを原因とする食中毒である．食中毒の症状が顔面紅潮や頭痛，蕁麻疹，吐き気などと食物アレルギーに似ているため，日本ではアレルギー様食中毒と呼ばれてきた．原因物質はヒスタミンだが，ヒスタミンは食品を汚染するヒスタミン産生菌により作られる．そのため，本食中毒の予防には細菌性食中毒の考え方を適用すべきである．

　ヒスタミン食中毒の原因となる食品は主にマグロやカツオ，サバ，サンマ，イワシなどの赤身魚類である．ヒスタミン産生菌は，ヒスチジン脱炭酸酵素により食品中の遊離ヒスチジンをヒスタミンへと変換する．赤身魚の筋肉中には白身魚に比べて高濃度の遊離ヒスチジンが存在するため，高濃度のヒスタミンがたまりやすい．その他，発酵食品（魚醤油，チーズ，ワインなど）でもヒスタミンなどの生体アミン類が問題となる場合がある．なお，発酵食品で問題となるヒスタミン産生菌は主に乳酸菌であり，下に記す赤身魚のヒスタミン産生菌とは性質が異なる．

　赤身魚を汚染するヒスタミン産生菌は複数種存在する．代表的なものが，海洋細菌の *Photobacterium phosphoreum* や *P. damselae*，腸内細菌の仲間の *Morganella morganii* や *M. psychrotolerans* などであり[1]，これらのヒスタミン産生菌は漁獲段階で既に魚を汚染している場合がある．そのため，漁獲から食卓までの間で魚が不適切に取り扱われると，ヒスタミン産生菌が増殖し，魚肉にヒスタミンが蓄積する．ヒスタミン産生菌の増殖を防ぐ低温管理の徹底が有効な食中毒の予防策である．

　また，ヒスタミン産生菌とヒスチジン脱炭酸酵素は加熱により容易に死滅または

失活するが，ヒスタミンは熱に安定である．そのため，ヒスタミンが蓄積した魚肉は，焼き魚や揚げ物に調理しても食中毒の原因となる．実際に，加熱調理された食品を原因とする食中毒事例は多い．加熱調理用の食品であっても，生食用の食品と同じく低温管理と鮮度維持が重要である．しかし，低温管理を徹底しても，一部のヒスタミン産生菌は 4℃ 程度の冷蔵条件でもゆっくりと増殖しヒスタミンを産生する．低温で保存する場合でも，水産物は早めに食べてしまうことをお勧めする．

〔山木将悟〕

危害要因コラム

① 腸炎ビブリオとビブリオ・バルニフィカス

　腸炎ビブリオ（*Vibrio parahaemolyticus*）とは，魚介類による食中毒の代表的な原因菌である．本菌は，35〜37℃で塩分濃度が2〜3%の環境を好む海洋性の通性嫌気性細菌であり，主に海水中や海泥中に生息している．腸炎ビブリオは，汚染された食品や水を介してヒトの体内に侵入し，食中毒を引き起こす．感染してから発症までの潜伏期間は約12時間で，症状は激しい腹痛や下痢，血便，嘔吐，発熱などである．腸炎ビブリオによる魚介類の汚染率は高く，食中毒事例の原因食品としては魚介類やその加工品がほとんどである．

　腸炎ビブリオは，1950年に大阪府で発生したシラス干しを原因とする食中毒の調査において藤野らが世界で初めて分離した[1]．国内では1990年代後半まで腸炎ビブリオによる食中毒事例が多く発生し，1998年には839件が報告された（図1）．これを受けて政府は，本菌による食中毒の発生要因を整理し，その対策として魚介類の規格基準を定めた．規格基準には，加工時の使用水，流通・保管温度，腸炎ビブリオ菌数に関する基準などが含まれている．これにより，国内における本菌食中毒の発生数は2000年以降減少に転じている．しかし，最近の腸炎ビブリオ汚染率調査では，今と昔で変化の

図1　日本で発生した総食中毒事例数および腸炎ビブリオ食中毒事例数の変遷
（厚生労働省食中毒統計より作成）

ないことが明らかにされており，この食中毒事例数の減少は基準の導入による生産から消費までの衛生管理状態の改善が大きく寄与していると推察されている[2].

ビブリオ・バルニフィカス（*Vibrio vulnificus*）とは，腸炎ビブリオと同じ *Vibrio* 属の細菌である．腸炎ビブリオとは見た目が少々異なり，一部が湾曲した形をしている．腸炎ビブリオに比べてやや低い塩分濃度を好む．本菌も，汚染された水産物を介してヒトの体内に侵入し，食中毒を引き起こす．また，バルニフィカスは，怪我の傷口から体内に侵入する創傷感染も引き起こす．よって，バルニフィカスによる食中毒は敗血症などの重篤な症状を呈する．さらに，人食いバクテリアと呼ばれる由縁である壊死性筋膜炎を引き起こす場合もあり，発症後の致死率は 60〜70% と非常に高い．国内ではこれまでに，シャコ，コチ，マグロ等の喫食によって本菌による食中毒や創傷感染例が報告されている．バルニフィカスは，水温が 15〜20℃ 以上の海水に分布し，海水温が上昇する夏季に日本の沿岸海水や河口近くの汽水域からも検出される．かつては海水温の高い地域でのみ問題になるとされていたが，近年では，夏季の海面温度が北海道でも 20℃ となる場合があるため，北日本の海からも本菌が検出される．

生食用鮮魚介類の規格基準では，魚介類を飲用に適した水（海水を用いる場合は殺菌海水または人工海水）で十分に洗浄するという加工基準が示されている．これは食中毒予防の 3 原則のうち，海洋性の食中毒菌を魚介類に「付けない」ための対策である．かつて魚介類の洗浄には漁港周辺の海水が使用され，海水由来の食中毒菌が魚介類に付着するおそれがあったが，その点が改善された．家庭で行う「付けない」対策としては，調理に使用した器具をよく洗浄し，器具を介する他の食品への交叉汚染が起きないように留意することが挙げられる．次に，腸炎ビブリオやバルニフィカスは 4℃ 以下で増殖することができない．そのため，生産・流通・保管時の徹底した低温管理によりこれらの菌を「増やさない」ことができる．家庭では，長時間室温に出しておかない，冷蔵庫から出した魚介類は 2 時間以内に食べることが望ましいとされている．最後に，腸炎ビブリオやバルニフィカスは熱に弱いため，十分な加熱により「やっつける」ことができる．これらの細菌への感染により重篤な症状を引き起こしやすい，肝臓や免疫に疾患を持つ人には，魚介類をよく加熱して喫食することが推奨されている．〔大島千尋〕

② 魚介類の寄生虫

魚介類の生食によりヒトに健康被害を及ぼすリスクを有する寄生虫として，海産魚介類由来ではアニサキス，クドア，日本海裂頭条虫等，淡水魚介類由来では横川吸虫，肺吸虫，顎口虫等，様々な種類の寄生虫が知られている．なかでもアニサキスとクドアを原因とした食中毒は，国内で生食される魚介類が主に海産魚介類であることと，これらの寄生虫が食品衛生法に係る食中毒統計で個別集計されることから注目されることが多

い. 本コラムでは国内報告例の多いアニサキス，クドアおよび日本海裂頭条虫について概説する.

アニサキス（*Anisakis* spp.）はクジラやイルカ等で成虫となる寄生虫で，その第3期幼虫が海産魚介類に寄生している. アニサキスを原因とした食中毒（アニサキス食中毒）は，刺身，寿司，マリネなどの魚介類を生または生に近い状態で喫食した後，多くが12時間以内に激しい腹痛や吐き気などを呈する. 2018年以降の食中毒統計においてアニサキス食中毒は最多件数となり，2020年には387件に達している. 現在，9種類のアニサキスが知られているが，東京都内の事例において検査を行った94%の虫体がアニサキス・シンプレックス・センス・ストリクト（*A. simplex* sensu stricto, 図1A）と同定されており，このような傾向は全国でも同様と考えられている. アニサキスが寄生している海産魚介類の種類は多岐にわたるが，多くは虫体が内臓表面に寄生している. 一方，アニサキス食中毒の原因食品としてしばしば報告されるアジ，ヒラメ，カツオなどの魚種では，一部の虫体が内臓表面から腹側筋肉に移行して寄生している. また，アニサキスの寄生率が高いシロザケや食中毒報告例の多いサバでは腹側筋肉だけでなく背側筋肉からも検出される場合がある.

ナナホシクドア（クドア・セプテンプンクタータ，*Kudoa septempunctata*）は，2011年に新たに食中毒病因物質に指定された粘液胞子虫の一種で，主にヒラメの筋肉部に胞子（図1B）と呼ばれる花びら状の特徴的な形態で寄生している. 本種クドアのみならずクドア属の粘液胞子虫は，魚類と環形動物（主に貧毛類）を交互に宿主とする生活環を形成していると考えられている. ナナホシクドアによる食中毒は，ヒラメを喫食した後，数時間で一過性の嘔吐や下痢を起こすのが特徴である. これまでの疫学調査から，ヒラメの筋肉1gに10^5〜10^6個の胞子が寄生したものを喫食した場合に発症するとされ，そのようなヒラメでは筋肉部全体に胞子がほぼ均一に寄生していることが多い. 以前は養殖ヒラメの喫食による食中毒事例が多かったが，ヒラメの出荷前検査などの事業者による管理が行われるようになり，近年は減少傾向にある.

日本海裂頭条虫（*Dibothriocephalus nihonkaiensis*, syn. *Diphyllobothrium nihonkaiense*）はサナダムシの俗称で広く知られる寄生虫で，ヒトはサケ・マス類に寄生したプレロセルコイドと呼ばれる本条虫の幼虫（図1C）を摂取することで感染する. 日本海裂頭条虫は下痢，腹痛，腹部膨満感などの消化器症状の原因となるが，虫体の自然排出以外に自覚症状を示さず，肛門から体節が下垂して違和感により気づくことが多い. 5〜7月に症例報告が多いことから，以前は市場に4〜7月に流通するサクラマスが主な感染原因食品であると言われてきた. しかし，サクラマスと同時期に流通するトキシラズと呼ばれるシロザケにプレロセルコイドが高率に寄生していることが明らかとなり，現在ではトキシラズが最も重要な感染原因食品と考えられている.

海産魚介類に寄生する多くの寄生虫は海中で生活環が回っているため，陸上完全養殖

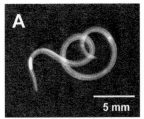
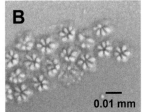
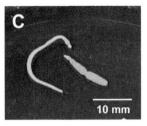

図1　食中毒の原因となる魚介類に寄生する寄生虫
A：アニサキス・シンプレックス・センス・ストリクトの第3期幼虫，B：ナナホシクドアの胞子，C：日本海裂頭条虫のプレロセルコイド.

でない限り寄生虫の感染を完全に防ぐことは困難である．そのため，魚介類の生食による寄生虫性食中毒の防止には，冷凍処理や加熱調理を行うことが最も有効な対策となる．特に食中毒の原因食品として報告例の多い魚種の生食には，冷凍した魚介類を用いることが望ましい．　　　　　　　　　　　　　　　　　　　　　　　　　　　〔鈴木　淳〕

③　ボツリヌス　

　それは，北海道岩内郡島野村（現在の岩内町）で起こった．1951年5月下旬，村に住む54歳の婦人が急死した．医師の診断では，「脳塞栓」とされた．数日後に行われた葬儀に参列した親戚や知人は，それぞれ，婦人宅の自家製の「ニシンのいずし」をもらって帰り，家族とともに食した．そのうち，13名が中毒症状を発症し，3名が死亡した．事件発生後，北海道立衛生研究所における調査の結果，残りの「いずし」からボツリヌス毒素とボツリヌス菌が分離された．当初は不明であったが，最初に死亡した婦人も同じ「いずし」を食していた．当時，日本ではボツリヌス中毒は発生しないものと考えられており，これが日本におけるボツリヌス食中毒の最初の報告となった[1,2].

　ボツリヌス菌は，偏性嫌気性の芽胞形成菌であり，本菌の芽胞が混入した食品において，酸素の少ない嫌気的な条件等が整うと，発芽・増殖し，神経毒素を産生する（図1上）．食品とともに経口的に摂取された神経毒素は，小腸上皮から吸収され，血管やリンパ管を通じて，神経-筋接合部の神経終末部に運ばれる．ここで神経毒素は，神経細胞に侵入，神経伝達物質の放出を阻害し，筋肉の麻痺を引き起こす．これによって生じるのが，ボツリヌス食中毒である．

　日本におけるボツリヌス食中毒は，最初の報告例同様，魚介類を用いた自家製の発酵食品を原因食とするものが主であった．しかし，近年，まれではあるが，真空パック食品を原因食とする食中毒例が報告されている．真空パック食品は，レトルトパウチ食品とは異なり，120℃，4分間以上の加熱処理を行っておらず，何らかの原因で芽胞が混

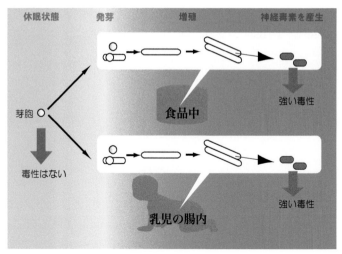

図1 食品中あるいは乳児の腸内におけるボツリヌス菌の発芽と神経毒素の産生

入していた場合，室温で放置しておくとボツリヌス菌が増殖することがあるので，注意が必要である．

　さらに，ボツリヌス菌が関連する中毒には，乳児ボツリヌス症がある．これは，腸内細菌叢が形成されていない生後1年未満の乳児がボツリヌス菌の芽胞を摂取した場合，消化管内で菌が増殖することがあり，産生された毒素によって発症する中毒である（図1下）．特にハチミツには，ボツリヌス菌の芽胞が混入することがあり，1歳未満の乳児には食べさせないように指導する必要がある．

　ボツリヌス中毒の治療には，ボツリヌス毒素に対するウマの抗血清（抗毒素）が使用される．これにより，神経細胞に侵入していない遊離の毒素が中和される．しかし，ボツリヌス中毒においては，筋肉麻痺等の症状が1か月以上，長い場合には1年にわたって続くことがある．これは，神経細胞内に侵入した毒素が長期間，毒性を発揮し続けるためである．近年，アメリカの研究グループによって，迅速なボツリヌス中毒の治療を可能とする抗毒素療法として，無毒化した神経毒素と低分子抗体を融合し，神経細胞内に侵入し毒素を中和することができる新たな抗体送達法が開発された[3]．この開発には，筆者らの研究グループも関わっており，画期的なボツリヌス中毒治療法として期待されている．　　　　　　　　　　　　　　　　　　　　　　　　〔相根義昌〕

④　ノロウイルス

　ノロウイルスは，乳幼児から高齢者までの幅広い年齢層に急性胃腸炎を引き起こすウ

イルスであり，手指や食品を介して経口で感染してヒトの腸管で増殖する．ノロウイルスによる食中毒は，わが国の食中毒統計（1998〜2020年）において発生率が平均22.9%，最大40.0%（2015年）に達している．2020年のデータにおいては，アニサキス，カンピロバクター・ジェジュニ／コリに次いで3番目に事件数が多く，依然として食中毒の主要因に挙げられる．ノロウイルス食中毒の原因食品別発生件数[1]を見ると，食中毒事例のうち約7割は原因食品が特定できていない．このことは，ノロウイルスに感染した食品取扱者を介する食品汚染が原因となる事例が多いことを示している．そのほかの原因として，ノロウイルスに汚染された二枚貝が挙げられるが，食中毒は生や加熱不足のもので発生しており，十分に加熱すれば問題はない．

　ノロウイルスによる二枚貝の汚染は，二枚貝にノロウイルスが感染し増えるのではなく，生育環境に存在するウイルスが二枚貝に蓄積することにより起こる．ノロウイルス感染者の糞便中に含まれるウイルスが感染性を保ったまま下水処理を潜り抜け，海域に拡散する背景により，都市部に近い海域では二枚貝にノロウイルスが蓄積するリスクが高まる．極論を言えば，絶海の無人島で採捕した二枚貝はウイルスにさらされているおそれはなく，そのような海域で二枚貝を養殖すればウイルスフリーの二枚貝を得ることは可能である．しかしながら，日常的な飼育管理や消費地との距離の観点において実現は難しく，沿岸域や波の穏やかな湾内での養殖が一般的である．

　食中毒予防の3原則は，「微生物を付けない」「微生物を増やさない」「微生物をやっつける」であり，それらの観点でノロウイルスが蓄積した二枚貝への対応について考えてみたい．まず，「微生物を付けない」という点において，ノロウイルスは海域中のウイルスが二枚貝の体内に濃縮・蓄積されることから，生産者が海域毎に二枚貝のウイルス検査を実施して検査結果を公表し，検査陽性の場合は加熱調理用として出荷するなどの対応を行っている．「微生物を増やさない」という点において，通常は食材を冷やすことで細菌の増殖を防いでいるが，ウイルスは二枚貝の体内で増殖しないことから，温度管理は意味をなさない．また，食材としての二枚貝は，品質を保つ目的で保冷されるであろうが，ウイルスは高温環境よりも低温環境の方が安定的であり，感染性が維持されやすい．これらのことから，二枚貝中のノロウイルスに対して「微生物を増やさない」ための効果的な手段は見当たらない．最後に，「微生物をやっつける」という点においては，加熱処理が有効であり，中心部が85〜90℃で90秒以上の加熱が必要とされている[2]．

　以上はノロウイルスが蓄積した二枚貝への対応であるが，先に述べたようにわが国での食中毒事例の約7割は食品取扱者を介したものと推察され，大量調理施設で事例が発生した場合は大規模な食中毒となる可能性が高い．そのため，ノロウイルスがどのような経路で食品を汚染するかについて正しく理解し，適切な手段で対応する必要がある．まず，ノロウイルスは感染者の糞便中に含まれており，下痢等の症状がなくなって

も長い時には 1 か月程度ウイルスの排泄が続くことがあるため，感染者および感染疑いの者は食品の取り扱い業務から外す必要がある．ウイルスに感染したとしても，症状を示さない場合（不顕性感染という）もあるため，調理施設における一般的な食中毒対策は，ウイルスの消毒薬に対する抵抗性も加味して実行する必要がある．すなわち，ノロウイルスは他の食中毒原因菌よりも消毒薬に対する抵抗性が高いことから，調理器具等は次亜塩素酸や加熱による殺菌・消毒処理を行う必要がある．エタノールはノロウイルスに対して一定の効果を発揮し，最近の研究において酸性・アルカリ性のアルコール製剤はより高い殺菌・消毒効果が得られることが判明した[3]．これらアルコール製剤が，手指消毒や，次亜塩素酸によって変色・腐食が起こる器材の消毒に役立つことが期待される．　　　　　　　　　　　　　　　　　　　　　　　　　　　〔笠井久会〕

⑤　貝　毒

　国際的な食品規格 Codex（コーデックス）による「活及び生鮮二枚貝の規格（CODEX STAN 292-2008）」で監視対象となっている貝毒は，麻痺性貝毒（サキシトキシン群），下痢性貝毒（オカダ酸・ジノフィシストキシン群），神経性貝毒（ブレベトキシン群），記憶喪失性貝毒（ドウモイ酸），アザスピロ酸群の 5 種類 である（図1）．これらの貝毒は，食品中の基準値が Codex 規格により定められており，この基準値を超える毒を含む二枚貝は，食品として不適切とみなされる．麻痺性貝毒サキシトキシン群と下痢性貝毒オカダ酸・ジノフィシストキシン群については，3.2 節「貝類」を参照

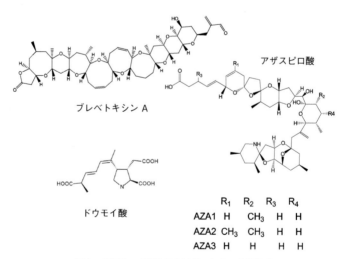

図1 麻痺性，下痢性貝毒以外の貝毒の化学構造

されたい．ここではその他の貝毒について概説する．

• 記憶喪失性貝毒

　紅藻ハナヤナギから駆虫成分として単離・構造決定されたアミノ酸であるドウモイ酸 (domoic acid：DA) は，1987 年にカナダで発生した食中毒事件の原因物質として特定され，貝毒として知られるようになった．DA は神経伝達物質の興奮性アミノ酸であり，大脳のグルタミン酸受容体のカイニン酸型に作用する．羽状目珪藻 *Pseudonitzschia* 属の 10 種類以上が DA を生産することが確認されており，二枚貝毒化原因種となる．

　ヒトの経口毒性は，60〜110 mg で発症し，135〜295 mg で重篤となると推測されている．症状は，食後 3〜6 時間内に嘔吐，腹痛，下痢の初期症状がおこり，意識の混沌，見当識喪失，記憶喪失が見られる．高齢者に重症者が多く，重症者に見られる記憶喪失が特徴的な症状である．1987 年の 11〜12 月にかけて，カナダ大西洋岸のプリンス・エドワード島東部で養殖ムラサキイガイにより 145 名が中毒症状を訴え，107 名が記憶喪失性貝中毒と診断された．3 名が死亡，一部の患者に記憶障害等の後遺症が残った．重篤患者は 12 名おり，この中で 65 歳以上の患者は 8 名であった．国内では中毒事例は報告されていない．

• 神経性貝毒

　1992 年にはニュージーランド北島の北東岸を中心に 280 名を超える中毒患者が発生し，食中毒の原因となった二枚貝からブレベトキシン（brevetoxin：BTX）類縁体が発見されたことにより，BTX が神経性貝中毒の原因毒として確定された．患者の神経性症状は，毒がナトリウムチャネルに選択的に吸着し，細胞内へのナトリウムイオンの流入を活性化させるために発現する．ナトリウムイオンの流入を阻害する麻痺性貝毒やフグ毒テトロドトキシンとは逆の作用をする．BTX はアメリカで分離培養された渦鞭毛藻 *Karenia brevis* から発見され，強力な魚毒成分として注目されてきた．主症状は四肢・顔面の痺れ，掻よう感，知覚異常，冷温感覚の逆転などの感覚系神経症状，倦怠感，頭痛，筋肉痛などの全身性中枢神経症状である．また，吐き気，腹痛，下痢，嘔吐などの消化器系症状を伴うこともある．国内では中毒事例は報告されていない．

• アザスピロ酸群

　アザスピロ酸（azaspiracid：AZA）群は，多数のエーテル結合を分子内に有する脂溶性ポリエーテル化合物である．中毒主症状は，下痢，腹痛，嘔吐など消化器系症状で，下痢性貝中毒と似ている．ヒトの死亡事例はない．ヒトに対する最小作用量は 23〜86 μg と推定されている．1995 年にオランダでアイルランド北西岸産ムラサキイガイを原因とする食中毒が発生し，少なくとも 8 名の患者が確認されている．その後，ヨーロッパやアメリカで中毒事例が発生している．国内では中毒事例は報告されていない．　　　　　　　　　　　　　　　　　　　　　　　　　　　　〔鈴木敏之〕

野菜・果実

第 4 章

4.1　生鮮野菜

　生鮮野菜は，ヒトにとっての栄養素，ビタミンや食物繊維の供給源として重要であり人気がある．最近では 2015 年にはじまった機能性表示食品制度（▶第 1 章 Column 2 参照）も追い風となり，消費者の健康志向ブームと相まって，生鮮野菜の人気はますます高まっている．また，ライフスタイルの変化により，その簡単な加工・調理品（カット野菜，サラダ等）の消費も増加傾向にある．一部の栄養素やビタミンなどは，加熱によって失われやすいため，生鮮野菜を生で食べることに意義がある．加えて，食感や味などの観点からも生鮮野菜が魅力的であることはいうまでもない．

　生食用の生鮮野菜は，新鮮なうちに消費地に届ける必要があり，一般に収穫後，直ちに表面の殺菌洗浄・パッケージング・予冷を行い，低温管理しながら輸送する．野菜は，収穫後も呼吸をしており，この生命活動により栄養成分を消耗する．特に呼吸量の高い葉物野菜では，低温管理により呼吸・蒸散を抑制し，植物体内のエネルギーの消耗を少なくし，品質の低下を防ぐ必要がある．

　非加熱食品である生食用の生鮮野菜は，微生物の汚染・増殖リスクが高いため，従来の加熱食品に比べて食中毒発生リスクが高い点に注意が必要である．

4.1.1　生鮮野菜と微生物

　生鮮野菜の主に表面に常在する微生物の優占種は，腐敗細菌，酵母やかびであり，食中毒菌が分離される頻度は，一般的に低い．食中毒菌の生鮮野菜への汚染リスクは，生産農場で高く，収穫後の一次加工・流通段階でも起こる可能性があ

表4.1　農林水産省による収穫時の生鮮野菜の微生物実態調査結果（文献1, 2より作成）

野菜	調査点数	陽性数（陽性率（%））			
		腸管出血性大腸菌	サルモネラ属菌	リステリア	大腸菌
レタス	358	0 (0)	未検査	0 (0)	8 (2.2)
キュウリ	480	0 (0)	0 (0)	0 (0)	1 (0.4)
トマト	431	0 (0)	0 (0)	0 (0)	0 (0)
ハクサイ	192	0 (0)	未検査	0 (0)	3 (1.6)
かいわれ大根	582	0 (0)	0 (0)	1 (0.2)	6 (1.0)
ブロッコリースプラウト	162	0 (0)	0 (0)	0 (0)	0 (0)
豆苗	146	0 (0)	0 (0)	0 (0)	0 (0)

る．生鮮野菜を汚染する主要な食中毒菌としては，腸管出血性大腸菌（大腸菌O157が大半：▶第2章危害要因コラム③参照），サルモネラ属菌（▶第2章危害要因コラム①参照）およびリステリア（▶第2章危害要因コラム④参照）である．また，汚染リスクの高いウイルスとしてはA型肝炎ウイルス（▶第2章危害要因コラム⑧参照）がある．代表的な食中毒の原因食材としては，葉物野菜（レタス，ホウレンソウなど），果菜（トマト，キュウリなど）とスプラウト（モヤシ，アルファルファなどの芽物野菜）が挙げられる．

4.1.2　わが国の生鮮野菜の微生物汚染実態

表4.1に示した最近の農林水産省による生鮮野菜の微生物実態調査[1,2]では，調査した食中毒菌（腸管出血性大腸菌，サルモネラ属菌およびリステリア）について，かいわれ大根の1サンプルでリステリア陽性（陽性率0.2%）が検出されたのみである．一方，衛生指標菌（病原性はないが，病原菌の汚染指標や非衛生的な取扱の指標として用いられる菌）である大腸菌の陽性率が葉物野菜のレタス，ハクサイおよびスプラウトのかいわれ大根で高い傾向が認められた．この結果は，わが国においてはこれらの生鮮野菜が，生産農場や生産施設で食中毒菌に汚染される可能性が低いことを示唆している．

4.1.3　生鮮野菜による国内外の大規模食中毒事例

表4.2に示すように，わが国での最大規模の食中毒事例が，1996年7月，学校給食に起因する大腸菌O157による堺市学童集団食中毒事件である[3]．児童7,892名を含む9,523名が罹患し，3名の児童が死亡した．原因食材は，かいわれ

大根と推定された. 2014年7月には，花火大会の露天で提供された冷やしキュウリを原因食品とする患者数510名の大腸菌 O157 集団食中毒事件が静岡市で発生している.

最近の海外での死者が発生した大規模食中毒事例としては，次のようなものがある．アメリカで 2006 年，サラダ用生鮮ホウレンソウ包装品を原因とする大腸菌 O157 による集団感染が発生した[4]．最終的にアメリカ 26 州とカナダで 205名の食中毒患者が発生し，3 名が死亡した．加工工場に運ばれたカリフォルニア州生産農場の野菜が汚染されていたことが判明したが，生産農場での野菜への汚染経路は不明のままである.

表4.2 最近の生鮮野菜を原因とする国内外の大規模食中毒事例

発生国	発生年	原因菌	原因食品	患者数(死者)
日本（堺市）	1996	腸管出血性大腸菌 O157	カイワレ大根（推定）	9,523 (3)
アメリカ	1996	サルモネラ属菌	アルファルファ	＞500
カナダ	2002	腸管出血性大腸菌 O157	野菜サラダ	17 (2)
イギリス	2004	サルモネラ属菌	レタス	372
アメリカ	2004	サルモネラ属菌	トマト	561
カナダ	2005	サルモネラ属菌	緑豆スプラウト	592
アメリカ	2005	サルモネラ属菌	トマト	459
オーストラリア	2005	サルモネラ属菌	アルファルファ	125
アメリカ・カナダ	2006	腸管出血性大腸菌 O157	ホウレンソウ	205 (3)
アメリカ・カナダ	2008	サルモネラ属菌	ペッパー（ハラペーニョ，セラーノ）	1,442 (2)
アメリカ・カナダ	2008	腸管出血性大腸菌 O157	レタス	134
アメリカ	2009	サルモネラ属菌	アルファルファ	235
アメリカ	2010	リステリア	生鮮カット野菜（セロリ）	10 (5)
ヨーロッパ（ドイツで発生・拡大）	2011	腸管出血性大腸菌 O104	フェヌグリークスプラウト	4,321 (50)
日本（静岡市）	2014	腸管出血性大腸菌 O157	冷やしキュウリ	510
アメリカ	2015	サルモネラ属菌	キュウリ	671 (3)
アメリカ・カナダ	2018	腸管出血性大腸菌 O157	ロメインレタス	201 (5)

　2008 年にはアメリカ・カナダでペッパーを原因食品とするサルモネラ属菌食中毒が発生し，アメリカ 43 州とカナダで 1,442 名の患者と 2 名の死者が出た[5]．当初，トマトの生食と食中毒との関連性が指摘され，FDA（アメリカ食品医薬品局）は消費者に特定の赤色トマトの生食を控えるように警告した．そのためトマト生産農家は風評被害も重なり大きな打撃を受けた．その後，食品会社のペッパー（ハラペーニョペッパーとセラーノペッパー）から患者と同じ食中毒菌が分離され，FDA の追跡調査でペッパーの汚染源としてメキシコの農場が特定された．しかしながら，メキシコ政府は FDA の追跡調査結果を否定し，二国間の政治問題にまで発展している．

　2011 年には，ドイツのハンブルグ市を中心に腸管出血性大腸菌 O104 による大規模食中毒事件が発生した[6]．旅行者も感染し，ヨーロッパ 13 か国とアメリカ・カナダで 4,321 名の食中毒患者が発生し，50 名が死亡するという悲惨な事態を生じた．この事件では原因食品として，当初スペイン産のキュウリが疑われ，一時市場からキュウリが消える事態となった．その後，患者と同じ食中毒菌が分離されたスプラウトの生食が原因と断定された．スペイン政府は，風評被害によってキュウリ生産農家が大打撃を受けたことから，ドイツ政府に対して 2 億ユーロ（約 230 億円）の損害賠償を請求している．

　2015 年 7〜9 月にかけてアメリカ 34 州にまたがるサルモネラ属菌による患者数 671 名（死者 3 名）の集団食中毒事件が発生した[7]．流行の初期ではトマトなどが疑われたが，配売店や生産者から収去したキュウリから患者と同じサルモネラ属菌が検出された．

　2018 年 3〜6 月にかけて，アメリカ 36 州とカナダ 5 州にまたがる患者 201 名（死者 5 名）のロメインレタスを原因とする大腸菌 O157 による大規模食中毒事件が発生した[8]．その後の調査で問題となったロメインレタスは，アリゾナ州ユマ地区から出荷されたことが判明した．

4.1.4　生産農場での微生物汚染経路

　生鮮野菜への食中毒菌の汚染リスクが高いのは生産農場であるというのが国際共通認識である．生産農場での食中毒菌の汚染経路としては，図 4.1 に示したように家畜・野生動物の糞尿，未熟堆肥，汚染河川水，下水，灌水および作業従事者などである．

　健康なウシでは腸管出血性大腸菌が，家禽ではサルモネラ属菌が一定頻度で検

出され，土壌細菌でもあるリステリアはいずれの家畜でも頻度は低いが検出されることが知られている．これらの保菌家畜からの排泄物とその未熟堆肥により，土壌が食中毒菌で汚染される．大腸菌 O157 やサルモネラ属菌は，土壌の種類，水分含量や気温に依存して，数週間～数か月間にわたり，土壌中で生存可能との多くの科学的知見がある．このような汚染土壌で栽培された生鮮野菜では，食中毒菌の根からの植物体への内部侵入や土の跳ね返り等による食中毒菌の茎葉への表面付着による汚染リスクが高くなる．いったん，食中毒菌が植物体に内部侵入すると，一般的に行われる次亜塩素酸水等を用いた収穫後の生鮮野菜の表面殺菌洗浄では殺菌が困難である．

　スプリンクラー灌水では汚染リスクが高いため，海外の葉菜類の大規模栽培農場では，畝間灌水（furrow irrigation）方式や地上点滴灌水（drip irrigation）方式を導入し，汚染リスクの低減を図っている．表面付着した食中毒菌の生存は，日光の紫外線，共存する競合細菌や乾燥等により影響されるが，土壌の場合と同様に長期にわたって生存するとの多くの科学的知見が得られている．

　作業従事者による汚染リスクとして，食中毒菌に加え A 型肝炎ウイルスが重要である．アメリカなどの大規模農場では，作業従事者家族の小児を農場に入れないよう指導している．理由は，小児では，80～90％が A 型肝炎ウイルスに対して不顕性感染（感染しているにもかかわらず無症状であること）を示すためである．

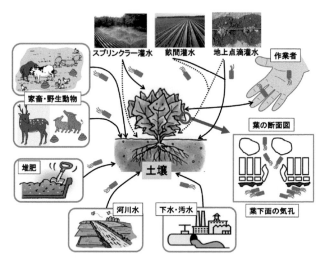

図 4.1　生鮮野菜の生産環境での食中毒菌の汚染経路模式図

4.1.5 生産段階ではどのように安全が守られるのか

生鮮野菜の微生物安全性の確保に関する国際的な考え方は，生産段階で科学的根拠に基づく衛生規範（ガイドライン）を導入して農業生産工程管理（Good Agricultural Practice：GAP）を実施することにより，食中毒菌の初期汚染リスクを低減しようとするものである．

国際的な生鮮野菜・果実による食中毒の多発を受けて，コーデックス委員会は，2003 年に「生鮮果実・野菜の衛生実施規範」を総会で採択している．この文書には，付属書 1「カット果実・野菜」と付属書 2「スプラウト生産」が付記されている．

この衛生規範の策定後も，レタス・ホウレンソウ等の葉菜やハーブの生食による大規模食中毒が国際的に多発した（表 4.2）．そのため，2008 年に WHO（世界保健機関）／FAO（国際連合食糧農業機関）合同専門家会議がまとめた「葉菜類とハーブの微生物汚染リスクに関する報告書」をもとに，「生鮮果実・野菜の衛生実施規範」の新たな付属書 3「生鮮葉菜類」が作成され，2010 年 7 月のコーデックス委員会総会において採択された．わが国では，農林水産省が 2012 年 6 月に，この付属書を参考にして，国内の営農の実態に基づき，図や写真を使いわかりやすく解説した「生鮮野菜を衛生的に保つために—栽培から出荷までの野菜の衛生管理指針—」を作成・公開している [9]．

4.1.6 家庭でできる安全対策

生鮮野菜への微生物汚染を完全に防ぐことは不可能であり，GAP の実践で衛生的に生産されたものでもその後の流通段階などのフードチェーンで食中毒菌が再汚染する可能性がある．したがって，摂食前の家庭調理での衛生管理が大切となる．例えば，カット野菜の切り口からの浸出液は微生物の増殖にとって格好の栄養素を含み，室温で数時間放置すると常在菌の菌数は約 100 倍に，汚染した食中毒菌リステリアは 10～50 倍に増加する（図 4.2）．

食中毒予防の 3 原則は，食中毒菌を「付けない，増やさない，やっつける」である．この原則に基づいて，生鮮野菜の家庭調理では，表 4.3 に示す基本的な二次汚染（調理中の食品が，まな板や調理器具類，あるいは調理する人の手を経由することで細菌やウイルスに汚染されること）や増殖などを防ぐための衛生管理の実践が大切となる．　　　　　　　　　　　　　　　　　　　　〔川本伸一〕

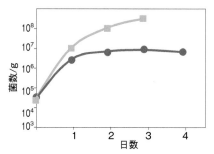

図 4.2　リステリアと常在細菌のカットキャベツでの 25℃ における増殖
（文献 10 の Fig.1 と Fig.3 より作成）

リステリアを接種（約 5×10^4/g）したカットキャベツを水洗・風乾後，無菌の袋に入れ，25℃ で培養した．経時的にサンプルを取り出し，一般細菌（常在菌）数（■）とリステリア菌数（●）を測定した．縦軸は，対数目盛である．

表 4.3　生鮮野菜の家庭調理における衛生管理の基本事項

- 生鮮野菜は，購入後直ちに調理直前まで冷蔵庫に保管する．
- 調理前に十分な手洗いをする．
- 食肉や魚類と調理器具（まな板・包丁）を区別する．
- 区別できない場合には，生鮮野菜の調理を最初に行う．
- 生鮮野菜は調理前に流水でしっかり洗浄する．
- 容器は，煮沸消毒ができ，気密性のある保存に適したものを使用する．
- 生鮮野菜の水気をきちんと切ってから，保存容器にいれる．
- 生鮮野菜は，カットすると切り口で細菌が増えやすくなるため，早めに食べる．
- すぐに食べないときは冷蔵庫に保管する．

Column 1　**コーデックス委員会**

　コーデックス委員会（Codex Alimentarius Commission：CAC）は，国際連合食糧農業機関（Food and Agriculture Organization of the United Nations：FAO）と世界保健機関（World Health Organization：WHO）が 1963 年に設立した政府間組織である（図 1）．委員会の名称はラテン語 Codex Alimentarius（食品法典）に由来する．事務局は，イタリアのローマ（FAO 本部内）にある．2021 年 4 月現在で 188 か国，1 政府間組織（欧州連合（EU））が加盟しており，日本は 1966 年に加盟している．

　委員会の目的は，消費者の健康を保護するとともに，食品の公正な貿易を促進す

ることである．国際的に貿易される（流通する）食品の規格（コーデックス規格）
や食品衛生などの実施規範（code of practice）などを策定する．コーデックス
委員会は，科学的なリスク評価に基づき各種規格や実施規範を策定しているが，こ
の科学的なリスク評価については，コーデックス委員会とは別にFAOとWHOが
合同で運営する専門家会議（FAO/WHO合同専門家会議）にて行うことになって
いる．

　コーデックス委員会には，総会，執行委員会，一般問題部会，個別食品部会，特
別部会と，地域調整部会が設置されている．総会で採択されたコーデックス規格や
実施規範は，加盟各国政府に遵守が求められる．国際規格または地域規格として採
択されたものは，規格集に収載され，FAOから刊行される．　　　　〔川本伸一〕

図1　コーデックス委員会のホームページのトップ画面の一部
（http://www.fao.org/fao-who-codexalimentarius/en/）

4.2　一次加工品（カット野菜等）

　日本におけるカット野菜（サラダ・カット・キットおよび惣菜サラダ）の市場
規模は2018年の調査結果では3,960億円と推定されている[1]．この推計額はコロ
ナ禍前の統計であり，コロナ禍後の生活様式の変化に伴い，必然的に食生活にも
変化が生じていることもあり，さらなる需要量が増加しつつある食品の1つであ
る．

　一方，昨今の食品に関わる事件や事故の増加に伴い，消費者の食品の安全性に
対する関心は高まる一方である．また，最近の消費者は安全性はもちろんのこ
と，より高品質な食品を求める傾向が強まってきている．すなわち，食品の安全
性と品質との両立がこれまで以上に求められている．このような消費者のニーズ
に応えるために，カット野菜においても，様々な洗浄殺菌方法が検討されてい

る．カット野菜，特にサラダ用のものは「生で食べる」という特性から，過度の加熱処理や，過剰な薬剤処理は消費者ニーズに応えるものではない．そこで，求められているのが加熱を施さない非熱的処理であり，かつ有毒な化学物質を用いない殺菌処理方法である．

　本節では，カット野菜の各種洗浄殺菌方法と流通過程における細菌数の変化の予測方法を解説し，カット野菜を安全に喫食するための基礎的な情報を提供する．

4.2.1　各種の洗浄殺菌方法

　カット野菜の洗浄殺菌には世界中で最も広く使用されている殺菌剤は塩素系の殺菌剤で，なかでも次亜塩素酸ナトリウムが圧倒的に多くの場面で使用されてい

表4.4　各種殺菌剤によるカット野菜の殺菌効果の比較

殺菌剤名称	対象細菌／野菜	殺菌効果	文献
次亜塩素酸ナトリウム（NaOCl, HOCl）	腸管出血性大腸菌 O157／レタス，白菜	0.5～2.6 log CFU/g	Koseki *et al*. 2001[2] Inatsu *et al*. 2005[3]
	リステリア／レタス	0.2～1.7 log CFU/g	
	サルモネラ属菌／レタス	1.0～1.5 log CFU/g	
二酸化塩素（ClO$_2$）	腸管出血性大腸菌 O157，サルモネラ属菌／レタス	2.2～1.3 log CFU/g	Huang *et al*. 2006[4]
	腸管出血性大腸菌 O157，サルモネラ属菌，リステリア／レタス	3～5 log CFU/g	Lee *et al*. 2004[5]
	腸管出血性大腸菌 O157，サルモネラ属菌／レタス	0.5～1.9 log CFU/g	Mahmoud *et al*. 2008[6]
有機酸（クエン酸）	腸管出血性大腸菌 O157，リステリア／レタス	0.8～1.0 log CFU/g	Yuk *et al*. 2006[7]
オゾン水	一般生菌数／レタス	1.2～2.0 log CFU/g	Kim *et al*. 1999[8] Koseki *et al*. 2006[9]
	腸管出血性大腸菌 O157／レタス	～ 1.0 log CFU/g	Singh *et al*. 2002[10] Yuk *et al*. 2006[7]
ガンマ線	一般生菌数／レタス	2.3～3.1 log CFU/g	Zhang *et al*. 2006[11]
	腸管出血性大腸菌 O157／レタス	1.0～5.0 log CFU/g	Niemira 2008[12]
バクテリオファージ	腸管出血性大腸菌 O157／レタス	1.9 log CFU/g	Sharma *et al*. 2009[13]
	腸管出血性大腸菌 O157／レタス	0.6～2.0 log CFU/g	Viazis *et al*. 2011[14]

る．また，次亜塩素酸ナトリウムの殺菌の主体である次亜塩素酸を主成分とする酸性電解水の使用も進みつつある．塩素系殺菌剤としては，二酸化塩素もまた諸外国では使用されている．塩素系の殺菌剤が敬遠される欧州では，オゾン水や各種の有機酸での洗浄殺菌が検討されている．また，化学薬品以外での制御方法として，バクテリオファージ（細菌を宿主とするウイルスで溶菌作用がある）を用いた制御や放射線照射による制御などが世界的には検討されている．上記のいずれの方法を選択したとしても，その殺菌効果は概ね同等であり，1.0～2.0 log CFU/g 程度の菌数減少にとどまる．ここで，CFU（コロニー形成単位，colony forming unit）は，微生物学で，ある量の微生物（細菌等）を，それが生育する固体培地上にまいた時に生じるコロニーの数を表す単位である．微生物では一般に細胞の生死を直接判別できないため，CFU は生存細胞の数を表す指標として用いられる．例えば培養液を 10^2 倍に希釈して 0.1 mL をまき，100 個のコロニーが生じた場合，培養液中の生存細胞数は $100 \div 0.1 \times 10^2 = 10^4$ CFU/mL = 4 log CFU/g と計算される．

　試験評価の方法によっては，さらなる殺菌効果が報告されていることもあるが，概ねいずれの方法を用いても殺菌効果に大きな差は認められないのが現実である（表 4.4）．いずれの方法を選択するかは，事業者の判断になるが，殺菌効果に大きな差が認められないのであれば，コスト面や消費者イメージが優先されることは想像に難くない．その中でも，電解水やオゾン水といった，主成分はそれぞれの化学種であるにもかかわらず「水」と謳っているものが消費者の化学薬品への忌避感を軽減する可能性はある．しかしながら，重要な点はいずれの方法を用いても殺菌効果には大差がないということであり，この点は事業者も消費者も理解しておく必要がある．

4.2.2　殺菌洗浄後のカットレタスでの菌数変化

　生食用サラダの野菜としての需要が大きいレタス上での腸管出血性大腸菌 O157 の種々の温度環境下における増殖特性と菌数予測のための数理モデル化について解説する．レタス上における種々の温度環境下における増殖特性を検討した 5～25℃における増殖曲線から（図 4.3），最大増殖速度の温度依存性を平方根モデルで記述した[15]．

　最大増殖速度の温度依存性を示す関数と最大菌密度の関数とから，計算機による数値計算によって解析することで，種々の温度環境下における細菌数の変化を

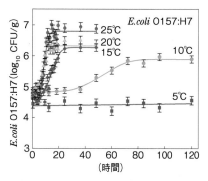

図 4.3　異なる温度におけるレタス上での腸管出血性大腸菌 O157 の増殖挙動

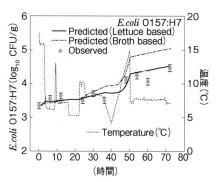

図 4.4　流通過程における温度履歴条件での各種病原性細菌の増殖予測結果
Predicted（Lettuce based）：レタスにおける温度依存性関数を適用した予測結果, Predicted
（Broth based）：液体培地における温度依存性関数を適用した予測結果, Observed：実験結果.

予測することができる. レタスの収穫から消費（店頭陳列）までの温度履歴を計
測した結果, 流通過程において大きく変動することが確認された. 予冷によって
レタス品温は5℃にまで低下させられるが, 流通過程において 10℃程度にまで上
昇していることから, 病原菌の増殖の可能性が考えられる.

　実際のレタス流通過程における温度変化から予測した病原性細菌の増殖挙動
は, 実験による観測とほぼ合致し, 温度履歴から増殖を推定可能であることが示
された（図 4.4）[15].

　温度履歴から病原性細菌の増殖が予測できることから, 流通過程における温度
をモニタリングすることで, 対象とする食品（ここではレタス）の安全性情報を
購入時点で消費者へ提供することが可能となりうる. 今後, 情報システムとの連

携を強化するとともに，小型で安価な温度記録機能付きセンサーが開発されれ
ば，流通中の細菌数変化をリアルタイムで捉えることも不可能ではない．今後の
技術的な発展が期待される．

4.2.3 殺菌処理後の外観品質の変化

殺菌処理を施して，安全性を向上させると同時に野菜としての品質を維持する
ことが求められている．消費者がカット野菜を評価する際には，まず初めに見た
目（外観）の良否が判断材料になる．そこで，カット野菜において問題となる褐
変を抑制する方法を検討した[16]．その結果，50℃程度の温水で前処理した後，
冷却したオゾン水で殺菌処理することで褐変の発生を顕著に抑制することができ
た(図4.5の右上写真)．すなわち，10℃の保存で6日間，褐変の発生を抑制した．

オゾン水の単独処理（図4.5の左下写真）では，比較的早い段階（保存3日目）
で褐変が発生した．ここではオゾン水を用いた処理方法の結果を示すが，基本的
には電解水も同様の傾向が得られている．このような褐変抑制は褐変を誘導する
酵素の1つであるフェニルアラニンアンモニアリアーゼ（PAL）の活性が関与
していることも確認した[15]．つまり，温水前処理によりPALの活性を低下させ
ることで，褐変の進行を抑制することができた[16]．

しかし，前述の効果的な殺菌処理と褐変抑制を両立する手法によって，安全で
高品質なカット野菜が提供できるかというとそれだけでは難しい．前述の温水前

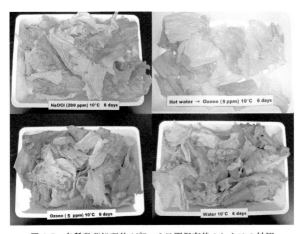

図 4.5 各種殺菌処理後10℃，6日間保存後のレタスの外観

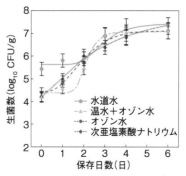

図 4.6　殺菌洗浄後 10℃ 保存中のレタスの一般生菌数の変化

処理とオゾン水殺菌との併用処理を施したサンプルにおいて，保存中（10℃）の細菌数の増加が著しいことを見出した（図 4.6）[16]．

　このような現象は強酸性電解水による単独処理においても認められ，保存温度が 1℃ と低い場合には増加は認められないことも確認している[16]．したがって，食品保全において最も基本的ではあるが，適切な温度管理が殺菌処理後のカット野菜では非常に重要であることが研究結果からも改めて示された．

　カット野菜の微生物制御手法および殺菌洗浄後の菌数変化およびその予測について概略した．本文中でも述べたが，洗浄殺菌処理だけではカット野菜の微生物学的な安全性を確保することは困難であることを再度認識していただきたい．電解水やオゾン水，あるいは他の殺菌剤による洗浄殺菌は，処理直後の微生物汚染を低減することはできるが，その効果を維持させるものではない．基本はやはり徹底した低温管理流通であり，そのような流通条件においてこそ洗浄殺菌によって得られた効果が大きくなる．　　　　　　　　　　　　　　　　　　〔小関成樹〕

Column 2 **予測微生物学**

予測微生物学（predictive microbiology）とは食品における微生物（特に病原菌，腐敗菌）の増殖や死滅挙動を数理モデルとして記述し，食品における微生物学的な安全性を定量的に評価・確保するための手段として発達してきた研究分野である．予測微生物学の究極的な目標・理念は，食品中の微生物数を実測せずに，おかれている環境条件（温度，水分活性，pH）値から，予測可能とすることである．このような予測を実現するために環境条件をパラメータとして，微生物挙動を説明するための各種の数理モデルが提案されている．具体例としては，保存流通中の温度履歴から，対象とする微生物数の変化を予測する，あるいは加熱加工処理条件から，処理後の微生物数を予測するといった，経時的な変化を推定するモデルが多く提案されている．また，一方で微生物がある環境条件下で増殖する，あるいは増殖しない，といった事象を発生確率として捉えて，確率論的に微生物挙動をモデル化する手法が近年増加している．両方のアプローチを上手く組み合わせることで，より現実的な予測が可能となる．具体的には，「ある食品を冷蔵保存しておいた場合，どのくらいの期間で，どのくらいの確率で，どの程度の菌数にまで増加するのか？」といった問いかけに答えることができるようになる．

世界各国では精力的に予測モデルの開発，データベースの整備，予測ソフトウェアの開発および食品産業界への普及活動を行い，着実に予測微生物学の有用性をひろめ，成果を挙げつつある．また，国際食品規格委員会（コーデックス委員会）において，微生物学的リスクアセスメントの暴露評価ステップにおける予測微生物学の有用性について言及されるまでに至っている．しかしながら，日本での予測微生物学研究は世界から大きく遅れをとっている．一方で，食品産業界における予測微生物学研究に対する期待感は未だに高く，さらに最近では行政部局においてもリスク管理，リスク評価への適用が期待されつつある．

英国，米国が協力体制を整えて，それぞれが開発した予測ソフトウェアに収録されている微生物挙動データを統合し，データベースとして Web 上で 2003 年から ComBase（http://www.combase.cc）という名前で公開し始めている．さらに 2006 年にはオーストラリア・タスマニア大学の食品安全センターも加わり，データベースの拡充が続いている．このデータベースの公開によって，世界中の人々が容易に微生物挙動データを検索収集することが可能となってきている．

一方で，加工食品の製造・流通条件の設定においては，微生物を増殖させない条

件設定が求められることが多く，増殖曲線を得ることよりもむしろ環境条件の組合せによって対象とする微生物を増殖させないための条件を見出すことが重要である．対象とする微生物の増殖／非増殖条件を検索可能とするデータベースがより多くの食品企業にとって重要な役割を果たすことが予想される．そこで，筆者らは微生物の増殖／非増殖データを ComBase に収録されているデータから抽出してデータベース化し，増殖／非増殖データに加えて，環境条件における対象となる微生物の増殖速度の情報を等高線化したグラフで表現して，増殖／非増殖グラフと一体化して提供情報量を増大させた．そして，この増殖／非増殖データと増殖速度データとをデータベース化することで，容易に必要とする情報を得られるようにした．このような思想に基づいて開発したのが，MRV（Microbial Responses Viewer，http://mrviewer.info）である．MRV は食品業界が求める微生物を増殖させないための境界条件の環境条件を直接的に検索可能とする．さらに，MRV の特徴として，目的とする情報を容易に検索できるように，直感的，視覚的に情報を見出すことができるような設計となっている（図1）．　　　　　　　　　〔小関成樹〕

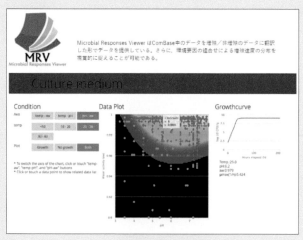

図1　MRV

4.3　漬　物

4.3.1　浅漬けによる食中毒事件

漬物は，本来，保存食の代表ともいえるものである．8世紀奈良時代の『正倉院文書』に漬物に関する記述が掲載されていることから日本の漬物の歴史は少なくとも1,200年以上遡ることが可能であり，平安時代（927年）の『延喜式』第39巻「内膳司」には計50種類の漬物が記載されている[1]．伝統的な漬物の保存性は主として，10%以上の高塩分濃度による水分活性の低下と，そのような高塩分条件下でも増殖できる乳酸菌の生産する有機酸によってもたらされる．腐敗細菌あるいは食中毒原因菌が仮に原料野菜に少量付着していたとしても，それが感染または腐敗に必要な量まで増殖する，あるいは毒素を生産する前に乳酸菌などの細菌が優先的に増殖し，有害細菌の増殖が抑制される．ところが1955年以降，沢庵漬など伝統的な漬物の低塩分濃度化が進み，同時に塩抜き野菜を低塩分濃度の調味液に漬けた「スポンジ漬物」が登場するようになった[2]．食料需給研究センターの「食品産業動態調査」によると，1980年代半ば以降，消費者の「低塩分，生感覚志向」に応えるかのように浅漬けの生産量が増える一方で沢庵漬などの伝統的な漬物の生産量は減少し，1990年代後半〜2000年代前半にかけて浅漬けに代わってキムチの生産量が増加した．現在では浅漬け類，キムチともに，最盛期の半分程度まで生産量が減少している（全漬物の生産量は同期間で最盛期の3割減）．

浅漬けや和風キムチ（ハクサイあるいはその塩抜き浅漬けに「タレ」を混ぜて製造される速成漬物）のような低塩即席漬物の普及は塩分摂取量の低下という公衆衛生上の利益をもたらしたが，その一方でこれまでにない食中毒事件の発生という問題を引き起こした．腸管出血性大腸菌によるものとしては「埼玉県カブ浅漬け事件」（2000年6月），「関東和風キムチ事件」（2001年8月），「福岡県キュウリ浅漬け事件」（2002年3月），「北海道ハクサイきり漬け事件」（2012年8月），「静岡県冷やしキュウリ事件」（2014年7月）があり，2020年6月には都内のインターネット通販業者が販売した和風キムチを原料とする散発的な食中毒事件が発生している．

厚生労働省は1998年から「食中毒菌汚染実態調査」を実施しており，2004年度から漬物野菜と漬物が調査対象に加わっている（前者は2016年から「実施自

治体選定品目」となり，検体数が減少している）．これによると 2018 年までに検査した漬物野菜と漬物それぞれ 2,195 検体，3,020 検体のうち 156 検体と 288 検体から大腸菌が検出されている（混入率の 95％信頼区間はそれぞれ 6.1〜8.3％と 8.5〜10.6％）．ただしこれは糞便汚染指標細菌としての大腸菌（*Escherichia coli*）の検査結果であり，腸管出血性大腸菌とサルモネラ属菌は検出されていない．筆者らが国内の 12 都府県 23 メーカーが 2012〜2013 年に製造した浅漬け 30 検体の細菌検査を行ったところ，27％の検体から糞便系大腸菌が検出された[3]．なお糞便系大腸菌は 44.5℃で生育可能な大腸菌群（胆汁酸耐性を持つ乳糖発酵性グラム陰性細菌），*E. coli* は IMViC 試験で特定の生化学性状を示す糞便系大腸菌と定義される．商品からこれらが検出された場合は糞便由来細菌の汚染が疑われるが，大腸菌群は野菜の常住細菌であるため，非加熱殺菌漬物の糞便汚染指標にはならない．

4.3.2　浅漬け製造の衛生管理と原料の殺菌

　浅漬け類製造に関して 1981 年 9 月に「漬物の衛生規範」が出されており，その後，これに基づいた保健所等による指導が行われてきた．2012 年の「北海道ハクサイきり漬け事件」では，殺菌工程において塩素濃度のチェックや次亜塩素酸ナトリウムの追加を行っていなかったことが原因の 1 つとされた．これを受けて本衛生規範は 2012 年 10 月に改正され，次亜塩素酸ナトリウム等による原材料の消毒等に関する規定が盛り込まれた．具体的には「次亜塩素酸ナトリウム溶液（100 mg/L で 10 分間又は 200 mg/L で 5 分間）又はこれと同等の効果を有する亜塩素酸水（きのこ類を除く．），次亜塩素酸水並びに食品添加物として使用できる有機酸溶液等で殺菌した後，飲用適の流水で十分すすぎ洗いすること．塩素濃度の管理を徹底し，確認を行った時間，塩素濃度及び実施した措置等を記録すること．」と記載されていた．これに加え，2013 年 12 月の改正では原材料の受入れから製品に至るまでの工程ごとに HACCP による衛生管理を行う方針が示された．食品衛生法改正により 2021 年 6 月から原則としてすべての食品等事業者が「HACCP に沿った衛生管理」に取り組む義務が生じ，これに合わせてすべての衛生規範が廃止された．今後はそれぞれの漬物製造者が自らの責任と判断において自らの職場に合わせた形で「HACCP に基づく衛生管理」または「HACCP の考え方を取り入れた衛生管理」を行うことになる．後者を選択した小規模事業者には全日本漬物協同組合連合会「漬物製造における HACCP の考え方を取り

入れた安全・安心なものづくり（小規模事業者向け衛生管理の手引書）」(2018 年 3 月）が参考になるだろう．これによると，包装後加熱殺菌しない漬物の微生物に係る重要管理点はカット後の洗浄・殺菌とされ，上述の衛生規範に記載されていた殺菌条件が「管理のポイント」として記載されている．2020 年の事件を起こした工場は意図的に原料ハクサイの流水洗浄および塩素系殺菌剤による殺菌を行っておらず，事件後に保健所が「HACCP の考え方を取り入れた衛生管理」の指導を行っている[4]．

商業規模の浅漬け類製造の際には原料野菜を水洗して土や大きなゴミを除去した後に殺菌処理を行い，さらに水洗したものを使用することが多いと思われる．ここで使用できる殺菌剤は食品衛生法で使用が認められているものに限定され，おそらく次亜塩素酸ナトリウムが最も一般的に使用されている．野菜の洗浄殺菌に関しては筆者の総説[5]などを参考にされたいが，常識的な殺菌条件では水洗で 0～1 桁，次亜塩素酸ナトリウム等ではそれより 1 桁前後程度菌数が落ちることが多い．筆者らがハクサイに付着していた細菌または接種した大腸菌 O157 を水または有効塩素濃度 100 mg/L の次亜塩素酸ナトリウムで 10 分間室温洗浄した試験でも，そのような結果が得られている[6]．ただし，野菜の種類によって菌数が落ちやすいものと落ちにくいものがあり，例えばキュウリは菌数を落としにくいことが知られている．筆者らがいくつかの野菜表面に大腸菌 O157 を接種し，水または有効塩素濃度 100 mg/L の次亜塩素酸ナトリウムで 3 分間，室温で殺菌したところ，ハクサイやホウレンソウはキャベツやレタスよりも菌数を落としにくいとする結果が得られた[6]．原料野菜の洗浄殺菌による浅漬け類の食中毒リスクの低減には限界があるため，野菜の栽培・収穫の段階で食中毒菌を付着させないための衛生管理が求められることになる．適正農業規範（Good Agricultural Practices：GAP；最近，農林水産省は正式の訳として「農業生産工程管理」を用いている）にはそのための取り組みが含まれている．その具体的な内容については「生鮮野菜を衛生的に保つために―栽培から出荷までの野菜の衛生管理指針―(第 2 版)」(農林水産省 2021 年 7 月 30 日）などを参考にされたい．

4.3.3 和風キムチとハクサイ浅漬け中の食中毒菌の挙動

和風キムチは食塩で下漬けしたハクサイにタレを混ぜて製造する．筆者らが 10℃ の下漬けを想定して行った実験によれば，塩分濃度が 2.5% を超えると 4 日間はハクサイ漬け中の大腸菌 O157 が増殖しなかった．下漬けハクサイにタレを

混ぜる時に食中毒菌が混入することを想定して行った実験[7]では，黄色ブドウ球菌は12日間，リステリア・モノサイトゲネスは24日間の10℃保存で4 log CFU/gから検出限界以下まで菌数が下がった．大腸菌O157とサルモネラ属菌は菌数が1桁増加した後，24日後に接種時と同じ菌数に戻った（図4.7）．なお生菌数4 log CFU/gとは検体1 g中に1万個の菌がいることに相当し，1 log CFU/gの低下は菌数が1/10に減ることを意味する．

　ある程度，乳酸菌が増殖している市販の和風キムチを用いて同様の実験を行ったところ，乳酸菌数が5 log CFU/gから8 log CFU/gに増加した8日目以降，大腸菌O157とサルモネラの菌数が下がりはじめたが，サルモネラは12日目まで検出され，大腸菌O157は28日目で2桁しか菌数が下がらなかった．4種類の食中毒菌をそれぞれ接種した和風キムチと韓国産キムチを5種類ずつ用いて10℃，1週間保存後の食中毒菌の残存菌数を調べたところ，グラム陰性菌の方がグラム陽性菌よりも死ににくい点は共通しているが，両品目間での菌の死にやすさに差は見られず，また「乳酸菌数が高い商品の方が，より食中毒菌が死にやすい」という傾向も見出せなかった．

　筆者らが行った研究によれば，国内の12都府県23メーカーが製造した25種類のハクサイ浅漬け商品にそれぞれ大腸菌O157を1 g当たり10～1000個台加え，10℃で1週間保存しても，その菌数は製品のpHや塩分濃度，日持ち向上剤の添加の有無によらず，ほとんど変化しなかった[3]．この結果は商品の開封後に大腸

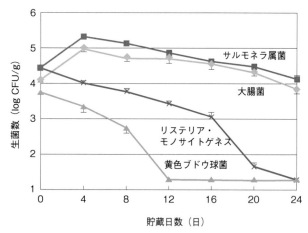

図4.7　和風キムチに混入した食中毒菌の挙動（10℃）

菌 O157 が入ってしまうと，食べ終わるまでの保存期間中にこれが死滅すること
は期待できないことを意味する．また大腸菌 O157 を含むハクサイ浅漬け（7種類）
を人工胃液に入れて 37℃で 3 時間保温しても菌数は 1 桁も下がらなかったこと
から，食べてしまった後の胃酸による殺菌もあまり期待できないと考えられた．
浅漬け類による食中毒防止のためには，開封した製品の衛生的な取り扱いが必要
である．

　市販のハクサイ浅漬けや和風キムチの中にはキトサン（カニ殻に含まれるキチ
ンの酸分解物）やアリルイソチオシアネート（AIT：ワサビやカラシの香り成分）
などを添加物として使用しているものがある．その主たる目的は乳酸菌等の過剰
発酵による品質劣化を防止することにある．筆者らは 0.1% キトサンと 0.2%
AIT 製剤（の両方）を含む自作ハクサイ浅漬けに大腸菌 O157（グラム陰性菌）
とリステリア・モノサイトゲネス（グラム陽性菌）を接種し，その 10℃下での
増殖を調べた[8]．大腸菌はキトサン（と AIT）を使用すると，4 日間で菌数が徐々
に低下した．低温増殖性を持つリステリアもキトサン（と AIT）を使用するこ
とで菌数を初発から 1 桁程度低く保つことができた．4 日間の保存で乳酸菌数は
2 桁上昇したが，キトサン（と AIT）を使用すると大腸菌，リステリアともに菌数
の増加がみられず，味や香り等の品質にも悪影響がみられなかった．〔稲津康弘〕

Column 3　東南アジアの野菜発酵食品

　インドシナ半島北部〜中部にかけての地域（ベトナム，ラオス，カンボジア，タ
イおよびミャンマー）にはいたるところに市場や露店があり（図1），時には日本
でも販売されていそうな浅漬けを目にすることもある（図2）．

図1　北部〜中部東南アジア諸国の露店の例
左：ヤンゴン（ミャンマー）2010 年，右：ルアンナムター（ラオス）2013 年.

図2　北部〜中部東南アジア諸国で販売されていた浅漬け
左上：タイ，右上：カンボジア，左下：ベトナム，右下：ラオス.

　これらの食品に関して，筆者らが実施した研究の一部を以下に紹介する.

　(1) 2003年3月にベトナムのハノイで5種類（コールラビ，小玉ナス，カットキャベツ，ラッキョウおよび小タマネギ）の浅漬けを計37検体収集し，細菌検査を行った．漬け汁の塩分濃度はそれぞれ0.27〜0.94%，0.80〜2.90%，0.27〜0.49%，0.30〜1.35%および0.54〜1.10%であり，pHはそれぞれ3.7〜6.1，3.4〜7.0，3.8〜6.4，3.5〜6.6および3.2〜6.3だった．一般細菌数は7.2±1.1，6.6±1.2，7.2±0.7，6.5±1.2および6.7±1.4 log CFU/gであった．大腸菌群数は平均で3 log CFU/g台であるが，5 log CFU/g台のものから検出限界以下のものまで広く分布していた．大腸菌群のうち *Krebsiella* 属菌は5種類の検体すべてから分離された．*Citrobacter*, *Enterobacter*, *Proteus* および *Providencia* に属する細菌は数種類の検体から分離された．糞便汚染指標菌である大腸菌は分離されなかった．

　(2) 2014年4〜6月にカンボジアのプノンペンで68検体の野菜漬物商品を購入し，細菌検査を行った．これらの商品は野菜を5〜6%の食塩水に25〜35℃で2〜3日間漬けることで製造され，ショウガや唐辛子，ニンニクが入っていることもある．1種類の野菜と複数の野菜を原料として用いた商品の平均塩分濃度はそれぞれ5.6%と3.0%，平均pHは4.3と4.4だった．両商品の合計のうち10%から大腸菌（*E.coli*）が分離されたが，サルモネラ属菌は分離されなかった．大腸菌群は野菜からよく分離される *Klebsiella pneumoniae* の他，*Citrobacter freundii*

や *Enterobacter cloacae* などが分離された．1検体から *Cronobacter sakazakii* が分離されたが病原株ではなかった．31%の検体から *Bacillus* 属細菌が分離されたが，すべてのセレウス菌（*B.cereus*）はセレウリド合成（CRS）遺伝子を持たず，またエンテロトキシンも生産しない非病原株だった．*Staphylococcus* 属細菌と *Listeria* 属細菌はいずれも 6%の検体から分離されたが，黄色ブドウ球菌とリステリア・モノサイトゲネス（*L. monocytogenes*）は分離されなかった．

〔稲津康弘〕

4.4　野菜調理食品

　厚生労働省の食中毒統計調査 [1] によると，2016〜2020 年の 5 年間で発生した野菜に関連する食中毒は 177 件（患者数1,389名，死者14名）と報告されている．このうち，ツキヨタケの誤食等，きのこに関連するものが 105 件と大半を占め，山菜やニラと誤ってトリカブトやスイセンを喫食した事例も散見される．このような状況から，野菜調理食品を原因とする食中毒事例の多くは「植物性自然毒」が原因であり，食肉加工品と比較して，野菜調理食品の細菌学的なリスクはさほど高くない．

　しかし，野菜調理食品において細菌性食中毒の事例がないわけではない．ここでは，食中毒統計資料 [2] の「細菌性食中毒」の具体例に焦点を当ててみる．表 4.5 には，2016〜2020 年に発生した野菜調理食品に関連する食中毒事例を示した．煮物，おから，卯の花の炒り煮といった「調理工程で加熱処理される食品」では，セレウス菌，ウェルシュ菌といった耐熱性芽胞菌を原因とする食中毒が多い傾向にある．また，白和えやしそ和えといった「（一部）原材料に非加熱の食材を含む食品」では，サルモネラ属菌や病原大腸菌といった食中毒菌を原因とする事例も発生している．

　これらの報告の多くは，飲食店，学校施設や介護施設に関連する事業所で発生している．事業所等で調理された場合，調理後の冷蔵，運搬，販売など，家庭での調理品と比較して喫食するまでに時間を要することから，細菌が増殖しやすいという要因が考えられる．また，大量調理により提供できる量や喫食者数が多く

表 4.5　2016～2020 年に発生した野菜調理食品に関連する細菌性食中毒事例
（厚生労働省食中毒統計資料より一部抜粋して作成）

発生場所	原因食品	病因物質	原因施設	患者数	死者数
千葉県・東京都	キュウリのゆかり和え	腸管出血性大腸菌（ベロ毒素産生）	給食施設	84	10
埼玉県	ポテトサラダ	腸管出血性大腸菌（ベロ毒素産生）	飲食店	13	0
沖縄県	ニガナの白和え	病原大腸菌	飲食店	217	0
長野県	人参・ごぼうと里芋の白和え	サルモネラ属菌	製造所	116	0
滋賀県	白菜と人参の青じそ和え	サルモネラ属菌	給食施設	12	0
千葉県	キャベツのしそ和え	サルモネラ属菌	給食施設	9	0
東京都	鶏肉，大根，人参の煮物	ウェルシュ菌	飲食店	29	0
滋賀県	八宝菜，切り干し大根の煮物	ウェルシュ菌	飲食店	218	0
滋賀県	カリフラワーとエビのくず煮	ウェルシュ菌	給食施設	20	0
東京都	南瓜の煮物	ウェルシュ菌	飲食店	79	0
新潟県	白滝の有馬煮	ウェルシュ菌	給食施設	41	0
北海道	味付けおから	セレウス菌	製造所	147	0
大阪府	卯の花の炒り煮	セレウス菌	給食施設	28	0
滋賀県	ポテトサラダ	黄色ブドウ球菌	家庭	8	0
群馬県	うるいのお浸し	黄色ブドウ球菌	飲食店	11	0

なることから，食中毒が発生した際には顕在化しやすいという背景もあるだろう．したがって，家庭においても野菜調理食品の細菌学的リスクを過小に捉えず，食材・調理法の特徴に合わせて日頃から衛生的な取り扱いを心掛ける必要がある．

4.4.1　野菜調理食品が原因とされる集団食中毒事例

　そもそも，統計資料に計上されている食中毒報告は氷山の一角であり，その中でも原因食品を特定できずに「不明」とされている事例は数多い．本項では過去に発生した野菜調理食品を原因食品とする集団食中毒事例の中から，特に重篤な症状を引き起こす病原細菌によるものを紹介する．

a．ポテトサラダ（腸管出血性大腸菌 O157）

　ポテトサラダを原因食品とする食中毒事例のほとんどは黄色ブドウ球菌を原因とするものであるが，過去には腸管出血性大腸菌 O157（ベロ毒素 2 型）による集団感染が発生している．2017 年 8 月，埼玉県内の惣菜販売店で加工販売され

たポテトサラダを原因食品とする集団食中毒が発生した．同一の「ポテトサラダの素」が配送されていた系列店舗においてもポテトサラダ喫食歴のあるベロ毒素2型の腸管出血性大腸菌 O157 患者が発生していたことから，「ポテトサラダの素」の汚染を原因とする可能性が否定できないとされた．本事例の「ポテトサラダの素」の原料は，ジャガイモ，キュウリ，タマネギ，ニンジン，キャベツであり，このうちキュウリ，タマネギ，キャベツには加熱工程がなかった．そのため，これらの未加熱の野菜が腸管出血性大腸菌 O157 に汚染されていた可能性が指摘されているが，当該食品の原料となった「ポテトサラダの素」の保存食からは腸管出血性大腸菌 O157 は検出されなかったため，汚染源の特定には至っていない[3]．

b．キュウリのゆかり和え（腸管出血性大腸菌 O157）

キュウリのゆかり和えは，食べやすい大きさに切られた塩もみキュウリに，ゆかりを全体に混ぜ合わせた食品である．2016 年 8 月，同一の委託業者が給食を調理・提供していた千葉県および東京都の老人福祉施設で，キュウリのゆかり和えを原因食品とした腸管出血性大腸菌 O157 による集団食中毒が発生した（患者数 84 名）．患者糞便から分離された菌株と，両施設で提供されたキュウリのゆかり和えから分離された菌株が同一クローン由来であることが確認されたが，原料についてはいずれの施設でも保管されていなかったため，腸管出血性大腸菌 O157 の汚染源は明らかになっていない[4]．

c．コールスロー（リステリア，腸管出血性大腸菌 O157 等）

コールスローは細かく切ったキャベツや千切りにしたニンジンをマヨネーズや塩，酢等で和え，香辛料で風味付けをして味をなじませたサラダの一種である．欧米では，1980 年代のカナダでコールスローの原料となったキャベツを汚染源とするリステリアによる集団食中毒[5]が発生した．2014 年にはイギリスでコールスローの喫食による腸管出血性大腸菌 O157 の集団食中毒が発生し，原料のニンジンやキャベツが汚染源であった可能性が指摘されている[6]．

4.4.2　調理・保存・喫食時の注意点

野菜調理食品の衛生的な取り扱い方法について，「小規模な惣菜製造工場における HACCP の考え方を取り入れた衛生管理のための手引書」[7]を参考に説明する．本マニュアルは事業者向けに公開されたものであるが，家庭での調理においても調理環境の洗浄，食材の汚染防止，食品の温度管理等，注意すべき事項は共通である．本項ではマニュアル内の「加熱後に包装する惣菜」および「加熱しな

い惣菜」の衛生管理を参考に，野菜調理食品を加熱調理工程の有無で大別し，家庭での調理・保存・喫食時の注意点について説明する．

a． 加熱処理を伴う野菜調理食品

炊き合わせ，煮物，煮豆，炒り物といった野菜調理品が該当する．一般に，75℃以上の加熱調理により病原細菌や腐敗細菌を減じることで，食品の安全性・保存性を高めることが可能である．もちろん，75℃ではすべての菌の不活化には不十分（例：芽胞形成菌）である．中心温度100℃以上の加熱が実現すればより長期的な保存が可能となるが，これほど強度な加熱処理を行うと，野菜の風味や食感を損なってしまうので，家庭での調理において実用的な予防法とはならないだろう．したがって，加熱処理による野菜調理食品では，特にセレウス菌，ウェルシュ菌といった芽胞形成菌の生残，増殖に関する対策が必要となる．食中毒予防の面では，①極力，当日調理・当日消費を心掛ける（作り置きをしない），作り置きをする必要がある場合は，②加熱調理後は速やかに保冷する（菌の再増殖を防ぐ），③再加熱時には中心温度75℃，1分以上となるよう十分に加熱する（再増殖した菌を殺す），といった対策が必要である．特に②では，加熱調理後，あら熱を取るために室温に長時間放置してしまうと，食品内部が保温されたままの状態が続くため細菌増殖の好条件となる．過去にはカボチャのクリームスープで黄色ブドウ球菌による食中毒が発生している[8]．黄色ブドウ球菌の産生する毒素は通常の加熱調理では失活しないため，調理前後の食品の汚染に注意を払い，菌が増殖しない温度への冷却が重要となる．大容量の鍋に入った状態ではあら熱が残りやすく，長時間の保温に繋がるので，調理後は小さめの容器に移し替え，温度が下がったら速やかに冷蔵庫に入れるなどの対策が有効であろう．

b． 加熱処理を伴わない野菜調理食品

酢の物，野菜の塩もみ，ミックスサラダ，生野菜ドレッシングなどの食品がこれに該当する．茹でた野菜をゴマや豆腐等で和えた「和えもの」や，ポテトサラダは調理工程の一部に加熱処理を含むが，これに生野菜を加える場合には非加熱調理品と同等の注意が必要なため，ここに整理する．

加熱処理を伴わない野菜調理食品の調理においては，材料の細菌汚染度を低減した上で，調理工程で汚染しないことが重要である．家庭においての調理では，①購入後は適切な温度環境（冷蔵庫や冷暗所等）で保存し，早めに消費する，②調理前は流水で入念に水洗いするという取り扱いが基本であるが，これで付着菌を完全に除去できるわけではない．高齢者や乳幼児，抵抗力の低い者は生の食材

の喫食を避ける（あるいは，すべての食材を殺菌処理する）のが無難であろう．また，本来，野菜には付着していないはずの細菌が調理者の手指や調理器具等を介して食材を汚染することもある（二次汚染）．調理者の手洗いはもちろんのこと，調理器具を生肉用と野菜用に分ける，生肉と生食用野菜を同時に調理しない，生肉を扱った後の調理器具は熱湯消毒を徹底するなど，調理環境からの二次汚染を防ぐ努力を意識的に行う必要がある．なお，以上の対策を行ったとしても，生の食材を加える以上，食品を無菌の状態にするのは不可能である．そこで，食品の中で細菌を増殖させないための温度管理が重要となる．酢や食塩を含む調味料自体は菌の増殖抑制作用があるものの，食材に和えた場合に同等の効果が得られるとは限らない[9]．調理工程の一部で加熱処理を要する食品では，加熱後のあら熱が残ったまま食材を混ぜ合わせてしまいがちであるが，ぬるく温まった環境では細菌が増殖しやすい環境となる．食材のあら熱をこまめに取りながら調理し，完成後は速やかに冷蔵庫に入れて，当日中に食べ切るよう注意が必要である．

〔細谷幸恵〕

文　　献

第 1 章　食文化の中の生食

1.1
1) 熊倉功夫 (2007). 日本料理の歴史, p.44, 吉川弘文館.
2) 江原絢子：Private communication.
3) 阿部狐柳 (1992). 日本料理徒然草, p.72, ジャパンアート社.
4) 畑江敬子ほか (1986). 日本水産学会誌, **52**, 2001-2007.
5) 畑江敬子著, 日本水産学会監 (2005). さしみの科学 (ベルソーブックス 023), 成山堂書店.
6) 高橋幹夫 (2016). 江戸あじわい図譜 (新装版), p.137, 青蛙房.
7) Hatae, K. *et al.* (1991). *Agric. Biol. Chem.*, **55**, 1593-1600.
8) 下村道子ほか (1973). 家政学雑誌, **24**, 516-523.
9) 国立国会図書館デジタルコレクション. 守貞謾稿後集 1. (https://dl.ndl.go.jp/info:ndljp/pid/2592417?tocOpened=1)
10) 松下幸子 (2006). 錦絵が語る江戸の食, p.102, 遊子館.
11) 田中熊雄ほか編 (1991). 聞き書 宮崎の食事 (日本の食生活全集 45), 農山漁村文化協会.

1.2
1) 福永淑子 (2003). 中国伝統調理文化の科学的解明. 大妻女子大学学位論文.
2) 西澤治彦 (2013). 中国の食文化における「生食」. 生食のおいしさとリスク (一色賢司監修), p.63, エヌ・ティー・エス.
3) 陳 舜臣 (1981). 竹におもう, p.156, 六興出版.
4) 呂 炳 (1993). 世界大百科事典, 平凡社.
5) 潘宏基ほか (2018). 道地台湾味 小吃篇・宴客篇・点心篇, 三芸文化.
6) 許文賢 (2010). 正港台菜 100 道, p.133, 膳書房.
7) 鄭大智 (2013). 朝鮮の生食とリスク. 生食のおいしさとリスク (一色賢司監修), p.53, エヌ・ティー・エス.

1.4
1) Wrangam, R. and Wong, K. (2013). 日経サイエンス, **43**, 58-61.
2) 沼田昭夫 (1957). 関西大学商学論集, **2**, 369-399.
3) 金 柄徹 (2000). 亜細亜大学国際関係紀要, **9**, 329.
4) 日本水産 (1981). 日本水産の 70 年, p.54.
5) 寳谷幸男 (1957). 冷凍, **32**, 16-26.

6) 松浦文雄, 橋本周久 (1954). 日本水産学会誌, **20**, 308-312.
7) 渡辺　学 (2011). 冷凍, **86**, 54-57.
8) 日本バナナ輸入組合, バナナ大学 Website. バナナの歴史. (https://www.banana.co.jp/basic-knowledge/history/)
9) NEXCO東日本 (2017). 東北自動車道の整備効果. (https://www.e-nexco.co.jp/assets/pdf/activity/agreeable/08a/tohoku_exp30.pdf)
10) 厚生労働省 (2014). アニサキス線虫による食中毒予防の注意喚起について, 事務連絡 (https://www.mhlw.go.jp/file/06-Seisakujouhou-11130500-Shokuhinanzenbu/0000057172.pdf).
11) 厚生労働省 (2011). 生食用生鮮食品による病因物質不明有症事例についての提言 (https://www.mhlw.go.jp/stf/houdou/2r9852000001fz6e-att/2r9852000001fzl8.pdf).
12) Watanabe, M. *et al.* (2020). *Int. J. Refrig.*, **111**, 94-102.

1.5

1) 消費者庁 (2020). 栄養機能食品とは. (https://www.caa.go.jp/policies/policy/food_labeling/health_promotion/pdf/food_labeling_cms206_20200730_03.pdf)
2) 消費者庁 (2015). 「機能性表示食品」って何？ (https://www.caa.go.jp/policies/policy/food_labeling/foods_with_function_claims/pdf/150810_1.pdf)
3) 農林水産省 (2015). 農林水産物の機能性表示に向けた技術的対応について. (http://www.affrc.maff.go.jp/kinousei/gijyututekitaio.htm)

第2章　食肉・卵・乳製品

2.1

1) 農畜産業振興機構 (2021). 令和2年度の食肉の需給動向について. (https://www.alic.go.jp/joho-c/joho05_001658.html)
2) 農林水産省. 我が国のBSEステータス(無視できるBSEリスク)について. (https://www.maff.go.jp/j/syouan/douei/bse/b_status/)
3) 農林水産省 (2017). 肉用牛農場のシガ毒素産生性大腸菌保有状況調査. (https://www.maff.go.jp/j/syouan/seisaku/kekka/gyuniku/stec/05.html#23113)
4) 農林水産省 (2017). 肉用牛農場のカンピロバクター保有状況調査. (https://www.maff.go.jp/j/syouan/seisaku/kekka/gyuniku/cam/04.html#23212)
5) 厚生労働省. 食中毒統計資料. (https://www.mhlw.go.jp/stf/seisakunitsuite/bunya/kenkou_iryou/shokuhin/syokuchu/04.html)

2.2

1) 米国疾病予防管理センター (Center for Disease Control and Prevention). National Outbreak Reporting System (NORS). (https://www.cdc.gov/nors/index.html)
2) Makino, S-I. *et al.* (2005). *Int. J. Food Microbiol.*, **104**, 189-196.
3) 厚生労働省 (2014). リステリアによる食中毒. (https://www.mhlw.go.jp/stf/seisakunitsuite/bunya/0000055260.html)

4) Back, J. P. *et al.* (1993). *J. Dairy Res.*, **60**, 421-429.

2.3
1) 厚生労働省. 食中毒統計資料. (https://www.mhlw.go.jp/stf/seisakunitsuite/bunya/kenkou_iryou/shokuhin/syokuchu/04.html)
2) 厚生労働省医薬食品局食品安全部基準審査課長 (2015). 豚の食肉の基準に関するQ&Aについて (食安基発 0602 第 3 号). (https://www.mhlw.go.jp/file/06-Seisakujouhou-11130500-Shokuhinanzenbu/150602hp.pdf)
3) 厚生労働省 食肉等の生食に関する調査会 (2014). 食肉等の生食に関する対応について. (https://www.mhlw.go.jp/file/05-Shingikai-11121000-Iyakushokuhinkyoku-Soumuka/houkoku_1.pdf)
4) 内閣府食品安全委員会 (2006). 食品健康影響評価のためのリスクプロファイル～豚肉中の E 型肝炎ウイルス～. (https://www.fsc.go.jp/senmon/biseibutu/risk_profile/hevirus.pdf)
5) 内閣府食品安全委員会 (2012). 食品健康影響評価のためのリスクプロファイル～ブタ肉における E 型肝炎ウイルス～ (改訂版). (https://www.fsc.go.jp/sonota/risk_profile/hevirus.pdf)
6) 国立感染症研究所 (2013). 病原微生物検出情報, **38**, 77-78. (https://www.niid.go.jp/niid/ja/allarticles/surveillance/2406-iasr/related-articles/related-articles-446/7215-446r06.html)

2.4
1) Kumagai, Y. *et al.* (2020). *J. Food Prot.*, **83**, 2087-2094.
2) Ishihara, K. *et al.* (2012). *J. Vet. Med. Sci.*, **74**, 117-120.
3) 柿内梨那ほか (2019). 日本食品微生物学会雑誌, **36**, 165-168.
4) 柿内梨那ほか (2019). 日本食品微生物学会雑誌, **36**, 105-109.
5) Cano, C. *et al.* (2021). *J. Food Prot.*, **84**, 1772-1783.
6) Zhang, L. *et al.* (2018). *J. Food Prot.*, **81**, 1134-1141.
7) 藤田雅弘ほか (2016). 日本食品微生物学会雑誌, **33**, 182-186.
8) 朝倉　宏ほか (2015). 日本食品微生物学会雑誌, **32**, 159-166.

2.5
1) 文部科学省. 日本食品標準成分表 2020 年版 (八訂). (https://www.mext.go.jp/a_menu/syokuhinseibun/mext_01110.html.)
2) 農林水産省. 畜産統計調査. (https://www.maff.go.jp/j/tokei/kouhyou/tikusan/)
3) 国立感染症研究所. 病原微生物検出情報. (https://www.niid.go.jp/niid/ja/iasr.html)
4) 厚生労働省. 食中毒統計資料. (https://www.mhlw.go.jp/stf/seisakunitsuite/bunya/kenkou_iryou/shokuhin/syokuchu/04.html)
5) 厚生労働省 (1998). 卵によるサルモネラ食中毒の発生防止について. (https://www.mhlw.go.jp/www1/houdou/1007/h0722-1.html)
6) Sasaki, Y. *et al.* (2011). *Epidemiol. Infect.*, **139**, 1060-1064.
7) Esaki, H. *et al.* (2013). *Epidemiol Infect.*, **141**, 941-943.

8）農林水産省．鶏卵のサルモネラ総合対策指針．（https://www.maff.go.jp/j/syouan/douei/eisei/e_kanri_kizyun/sal/pdf/keiran_sogo.pdf）
9）日本卵業協会（2020）．HACCP 導入の手引書—鶏卵選別包装施設・液卵製造施設（第4版）．（https://www.mhlw.go.jp/content/11130500/000647023.pdf）
10）日本養鶏協会鶏卵日付表示等改訂委員会．鶏卵の日付等表示マニュアル-改訂版-．（https://www.jz-tamago.co.jp/wp/wp-content/uploads/2020/03/E05_3_m_1.pdf）
11）厚生労働省．食品別の規格基準について．（https://www.mhlw.go.jp/stf/seisaku-nitsuite/bunya/kenkou_iryou/shokuhin/jigyousya/shokuhin_kikaku/index.html）
12）厚生労働省．卵の衛生的な取扱いについて．（http://n-shokuei.jp/eisei/sfs_egghandling.html）

2.6
1）鎌田洋一（2011）．食品衛生研究，**61**，21-27.
2）古川真斗ほか（2012）．食品衛生研究，**62**，23-26.
3）斎藤守弘ほか（1995）．日本獣医師会雑誌，**48**，905-907.
4）農林水産省（2021）．馬関係資料．（https://www.bajikyo.or.jp/pdf/r03kankeisiryou.pdf）
5）青木佳代ほか（2013）．日本食品微生物学会雑誌，**30**，28-32.

2.7
1）環境省．野生鳥獣の保護及び管理．（https://www.env.go.jp/nature/choju/index.html）
2）環境省．狩猟制度の概要．（https://www.env.go.jp/nature/choju/hunt/hunt2.html）
3）環境省．鳥獣関係統計．（https://www.env.go.jp/nature/choju/docs/docs2.html）
4）髙井伸二（2021）．家畜衛生学雑誌，**47**，53-62.
5）杉山　広（2018）．モダンメディア，**64**，9-16.
6）壁谷英則ほか（2016）．日本獣医師会雑誌，**69**，277-283.
7）前田　健（2019）．臨床とウイルス，**47**，218-229.
8）Asakura, H. *et al.* (2017). *J. Food Prot.*, **80**, 2119-2126.
9）Kadohira, M. *et al.* (2019). *J. Food Prot.*, **82**, 1224-1232.
10）厚生労働省．ジビエ（野生鳥獣の肉）の衛生管理．（https://www.mhlw.go.jp/stf/seisakunitsuite/bunya/kenkou_iryou/shokuhin/syokuchu/01_00021.html）
11）前田　健（2017）．けもの道 秋号，**969**，22-25.
12）国立感染症研究所感染症疫学センターウイルス第二部（2016）．病原微生物検出情報，**37**，134-136.
13）Takai, S. (2022). *Meat Sci.*, **191**, 108864.
14）農林水産省（2021）．捕獲鳥獣のジビエ利用を巡る最近の状況．（https://www.maff.go.jp/j/nousin/gibier/suishin.html）

危害要因コラム③
1）国立感染症研究所（2022）．病原微生物検出情報，**43**，103-104
2）五十嵐隆総括責任（2014）．溶血性尿毒症症候群の診断・治療ガイドライン，東京医学社.

危害要因コラム⑧

1) 中島閏子ほか（2013）．A 型肝炎ウイルスによる家族内での集団感染事例—川崎市, 病原微生物検出情報, **34**, 311-312.
2) 小林広記ほか（2018）．長野県における A 型肝炎の集団発生について，病原微生物検出情報, **39**, 25-26.

第 3 章　魚介類

3.1

1) 厚生労働省．食中毒統計調査．〔https://www.mhlw.go.jp/toukei/list/112-1.html〕
2) 古下　学ほか（2022）．水産技術, **14**, 29-33.
3) 原田　晋, 小林征洋（2017）．病原微生物検出情報, **38**, 72-74.
4) 農林水産省（2016）．平成 28 年 6 月 23 日．28 消安第 1393 号.
5) 厚生労働省（2019）．令和元年 5 月 30 日．薬生食監発第 1 号.
6) 厚生労働省（1983）．昭和 58 年 12 月 2 日．環乳第 59 号.

Column 1

1) 斎藤恒行ほか（1959）．日本水産学会誌, **24**, 749-750.
2) 小関聡美ほか（2006）．東海大学紀要海洋学部, **4**, 31-46.

3.2

1) Schantz, E. J. *et al.* (1975). *J. Am. Chem. Soc.*, **97**, 1238-1239.
2) Catterall, W. A. *et al.* (2007). *Toxicon*, **49**, 124-141.
3) Yasumoto, T. *et al.* (1985). *Tetrahedron*, **41**, 1019-1025.
4) Bialojan, J. *et al.* (1988). *Biochem. J.*, **256**, 283-290.
5) Fujiki, H. *et al.* (1988). *Gan*（*Jpn. J. Cancer Res.*）, **79**, 1089-1093.
6) Terao, K. *et al.* (1986). *Toxicon*, **24**, 1141-1151.
7) FAO（2004）. Marine Biotoxins: FAO Food and Nutrition Paper 80, Rome, Italy, ISBN 95-5-105129-1.
8) 安元　健ほか（1978）．日本水産学会誌, **44**, 1249-1255.
9) 山中英明（1986）．食品衛生学雑誌, **27**, 343-353.

3.3

1) 藤井建夫（1992）．塩辛・くさや・かつお節, 恒星社厚生閣.
2) 藤井建夫（2000）．魚の発酵食品, 成山堂書店.
3) 大泉　徹（2013）．アクアネット, **9**, 26-30.
4) 福田　裕ほか（2005）．全国水産加工品総覧, 光琳.
5) 佐々木政則ほか（2004）．日本水産学会誌, **70**, 928-937.
6) 佐々木政則ほか（2005）．日本水産学会誌, **71**, 369-377.
7) 佐々木政則ほか（2005）．日本水産学会誌, **71**, 618-627.
8) 佐々木政則ほか（2006）．日本水産学会誌, **72**, 223-230.

9）菊地政則ほか（1996）．日本食品工業学会誌，**43**，176-180.

10）Kosaka, Y. *et al.* (2012). *Fish Sci.,* **78**, 463-469.

11）森　勝美ほか（1979）．日本水産学会誌，**45**，771-779.

12）清水　亘・千原　到（1954）．日本水産学会誌，**20**，30-32.

13）Leistner, L. and Gorris, L. G. M. (1995). *Trends Food Sci. Technol.,* **6**, 41-46.

14）小笠原和夫・三井佳子（1960）．北海道立衛生研究所報，**10**，44-52.

15）Satomi, M. *et al.* (2012). *Fish Sci.,* **78**, 935-945.

16）平塚聖一（2014）．地域水産物を活用した商品開発と衛生管理，幸書房.

3.4

1）ICMSF（国際食品微生物規格委員会）編（2011）．食品微生物の生態—微生物制御の全貌—，中央法規出版.

2）Jami, M. *et al.* (2014). *Comp. Rev. Food Sci. Food Saf.,* **13**, 798-813.

3）Miya, S. *et al.* (2010). *Appl. Environ. Microbiol.,* **76**, 3383-3386.

4）原　やす子ほか（2003）．日本食品微生物学会雑誌，**20**，63-67.

5）中村寛海・西川禎一（2006）．生活衛生，**30**，175-184.

6）中村寛海（2015）．日本食品微生物学会雑誌，**32**，1-11.

7）Seafood Health Facts. Seafood safety issues for specific products.（https://www.seafoodhealthfacts.org/safety/seafood-safety-issues-for-specific-products/）

8）埼玉県．埼玉県内の学校給食で発生した病原大腸菌による集団食中毒について.（https://www.mhlw.go.jp/content/11121000/000756179.pdf）

Column 2

1）山木将悟・山﨑浩司（2019）．日本食品微生物学会雑誌，**36**，75-83.

危害要因コラム①

1）Fujino, T. (1953). *Med. J. Osaka Univ.,* **4**, 299-304.

2）工藤由紀子（2013）．日本食品微生物学会雑誌，**30**，177-185.

危害要因コラム③

1）中村　豊ほか（1951）．北海道立衛生研究所報，**2**，29-34.

2）阪口玄二（1990）．食品と微生物，**7**，43-46.

3）Miyashita, S. *et al.* (2021). *Sci. Transl. Med.,* **13**, eaaz4197.

危害要因コラム④

1）厚生労働省．ノロウイルスに関するQ&A，Q13原因となる食品は？（https：//www.mhlw.go.jp/stf/seisakunitsuite/bunya/kenkou_iryou/shokuhin/syokuchu/kanren/yobou/040204-1.html#13）

2）Codex委員会（2012）．CAC/GL 79-2012 (Guidelines on the application of general principles of food hygiene to the control of viruses in food).

3）Sato, S. *et al.* (2020). *Sci Rep.,* **10**, 15878.

第4章　野菜・果実

4.1
1) 農林水産省（2018）．生食用野菜の微生物実態調査の結果（概要）．
2) 農林水産省（2021）．スプラウトの微生物実態調査の結果（概要）．
3) Michino, H. *et al.* (1999). *Am. J. Epidemiol.*, **150**, 787-796.
4) Wendel, A. M. *et al.* (2009). *Clin. Infect. Dis.*, **48**, 1079-1086.
5) Hanning, I. B. *et al.* (2009). *Foodborne Pathog. Dis.*, **6**, 635-648.
6) Aurass, P. *et al.* (2011). *Environ. Microbiol.*, **13**, 3139-3148.
7) Laughlin, M. *et al.* (2020). *Epidemiol. Infect.*, **147**, e270, 1-6.
8) U. S. Food & Drug Administration. (2019). Investigation Summary: Factors Potentially Contributing to the Contamination of Romaine Lettuce Implicated in the Fall 2018 Multi-State Outbreak of E. coli O157: H7 (https://www.fda.gov/food/outbreaks-foodborne-illness/investigation-summary-factors-potentially-contributing-contamination-romaine-lettuce-implicated-fall)
9) 農林水産省（2011）．生鮮野菜を衛生的に保つために―栽培から出荷までの野菜の衛生管理指針―．
10) Yasmin, M. *et al.* (2008). *Food Sci. Tech. Res.*, **14**, 493-498.

4.2
1) 農畜産業振興機構（2019）．平成30年度カット野菜・冷凍野菜・野菜惣菜に係る小売販売動向調査．
2) Koseki, S. *et al.* (2001). *J. Food Prot.*, **64**, 652-658.
3) Inatsu, Y. *et al.* (2005). *J. Food Prot.*, **68**, 251-255.
4) Huang, T. *et al.* (2006). *J. Food Sci.*, **71**, M134-M139.
5) Lee, S.-Y. *et al.* (2004). *J. Food Prot.*, **67**, 1371-1376.
6) Mahmoud, B. S. M. *et al.* (2008). *Food Microbiol.*, **25**, 244-252.
7) Yuk, H. *et al.* (2006). *J. Food Sci.*, **71**, M83-M87.
8) Kim, J. G. *et al.* (1999). *J. Food Saf.*, **19**, 17-34.
9) Koseki, S. *et al.* (2006). *J. Food Prot.*, **69**, 154-160.
10) Singh, N. *et al.* (2002). *Food Microbiol.*, **19**, 183-193.
11) Zhang, L. *et al.* (2006). *Int. J. Food Microbiol.*, **106**, 348-351.
12) Niemira, B. A. (2008). *J. Food Sci.*, **73**, M208-M213.
13) Sharma, M. *et al.* (2009). *J. Food Prot.*, **72**, 1481-1485.
14) Viazis, S. *et al.* (2011). *Food Microbiol.*, **28**, 149-157.
15) Koseki, S. *et al.* (2005). *Int. J. Food Microbiol.*, **104**, 239-248.
16) Koseki, S. *et al.* (2001). *J. Food Prot.*, **64**, 1935-1942.

4.3
1) 小川敏夫（1996）．漬物と日本人，NHKブックス．
2) 前田康彦（1987）．新つけもの考，岩波新書．

3）Inatsu, Y. *et al.* (2016). *Biocontrol. Sci.*, **21**, 51-56.
4）小吹拓也ほか（2021）．病原微生物検出情報，**42**，91-92.
5）稲津康弘（2021）．日本食品微生物学会雑誌，**38**，1-11.
6）Inatsu, Y. *et al.* (2011). *Food Sci. Technol. Res.*, **17**, 479-485.
7）Inatsu, Y. *et al.* (2004). *J. Food Prot.*, **67**, 1497-1500.
8）Inatsu, Y. *et al.* (2005). *J. Food Sci.*, **70**, 393-397.

Column 3
1）Inatsu, Y. *et al.* (2005). *Jap. J. Food Microbiol.*, **22**, 103-111.
2）Chrun, R. *et al.* (2017). *Biocontrol. Sci.*, **22**, 181-185.

4.4
1）厚生労働省．食中毒統計調査．(https://www.mhlw.go.jp/toukei/list/112-1.html)
2）厚生労働省．食中毒統計資料．(https://www.mhlw.go.jp/stf/seisakunitsuite/bunya/kenkou_iryou/shokuhin/syokuchu/04.html)
3）土屋久幸ほか（2018）．日本公衆衛生雑誌，**65**，542-552.
4）国立感染症研究所（2017）．病原微生物検出情報，**38**，92-94.
5）Schlech, W. F. 3rd. *et al.* (1983). *N. Engl. J. Med.*, **308**, 203-206.
6）Byrne, L. *et al.* (2016). *J. Food Prot.*, **79**, 1161-1168.
7）日本惣菜協会（2022）．小規模な惣菜製造工場における HACCP の考え方を取り入れた衛生管理のための手引書 version 1.2.（https://www.mhlw.go.jp/content/11130500/000796466.pdf）
8）梅田　薫ほか（2015）．日本食品微生物学会雑誌，**32**，137-141.
9）栗原健志ほか（1994）．日本食品微生物学会雑誌，**11**，35-41.

索引